U0558785

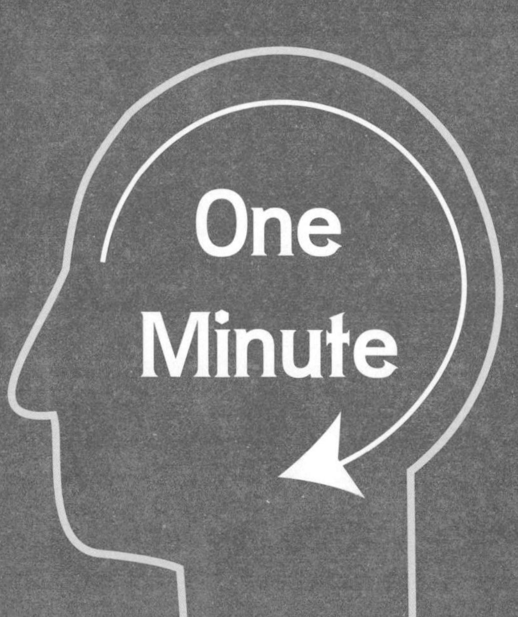
One
Minute

One
Minute

给青少年看的高效学习法

[日] 石井贵士 / 著 崔雪婷 / 译

台海出版社

北京市版权局著作权合同登记号：图字01-2023-5395号

图书在版编目（CIP）数据

给青少年看的高效学习法 / （日）石井贵士著 ； 崔雪婷译. -- 北京 ： 台海出版社, 2024.1
ISBN 978-7-5168-3685-9
Ⅰ. ①给… Ⅱ. ①石… ②崔… Ⅲ. ①学习方法－青少年读物 Ⅳ. ①G791-49

中国国家版本馆CIP数据核字(2023)第227558号

给青少年看的高效学习法

著　　者：〔日〕石井贵士　　　　译　　者：崔雪婷

出 版 人：薛　原
责任编辑：赵旭雯

出版发行：台海出版社
地　　址：北京市东城区景山东街20号　　　邮政编码：100009
电　　话：010-64041652（发行，邮购）
传　　真：010-84045799（总编室）
网　　址：www.taimeng.org.cn/thcbs/default.htm
E - mail：thcbs@126.com

经　　销：全国各地新华书店
印　　刷：艺堂印刷（天津）有限公司
本书如有破损、缺页、装订错误，请与本社联系调换

开　　本：880毫米×1230毫米　　1/32
字　　数：130千字　　印　　张：7
版　　次：2024年1月第1版　　印　　次：2024年6月第1次印刷
书　　号：ISBN 978-7-5168-3685-9

定　　价：49.80元

《给青少年看的高效学习法》的体验者心声

• 我第一次听说“1分钟学习法”时，完全不相信。但是，实际用了“1分钟学习法”之后，我惊呆了。“成功了！以前我学习1本书要花3天时间，现在1分钟就能学完！！”并且，一起学习“1分钟学习法”的人，没有一个人掉队，全员掌握了。

——筒井隆　35岁　个体户　石川县

• “1分钟读完1本书”。无论怎么想都觉得不合常理。但是，因为实在是很感兴趣，所以下定决心尝试了一下。结果短短2天时间，我就完全掌握了“1分钟学习法”。之前我曾对此表示怀疑，现在觉得很抱歉。这简直就是一场革命啊。

——20多岁的男性　东京都

• “1分钟学习法”不仅是能让学习提速（改善）的方法，我认为完全可以称之为“学习革命”，而且这是一种无论是谁都能简单学会的令人惊讶的学习法。多亏了“1分钟学习法”，在房间里积压着的没读的书（30本左右）2天之内就全都消化掉了。

——植田充彦　33岁　公司职员　东京都

• 尽管我已经55岁了，但还是试着挑战了一下“1分钟学习法”这种新方法。虽然之前很在意自己的年龄，我却做到了。我现在明白了，不管是55岁还是多大，与年龄无关，我现在无论想要成为哪个领域的专家，都可以在3个月之内做到。以前我总觉得自己年龄大了，习惯给自己设限。从现在开始，我要重新思考自己的人生，这也成为让我找回自我的契机。

——50多岁的女性　鹿儿岛县

• 我听说这种学习方法“与所谓的速读不同”，不过没想到竟然如此不同。这与“速读”真的完全不一样啊。

——20多岁的男性　福冈县

• 听说有畅销书作家1年读了1000册书，我惊呆了。能一下子读完这么多书，太令人羡慕了，但究竟是怎么做到的呢？本来我满心疑惑，现在自己通过“1分钟学习法”也能做到了。原本一直没通过的香熏治疗考试，也因为掌握了“1分钟学习法”而顺利通过了。随着年龄的增长，总是感到各方面在衰退，现在却觉得开启了崭新的人生。

——高妻妙美　50多岁　主妇　茨城县

• 真正用了“1分钟学习法”后，通过能缩短学习时间的“时间魔法”提高效率，还可以通过“色彩魔法纸”将看过的内容迅速整理，印刻在脑袋里。我本不是宿命论者，但我觉得能和“1分钟学习法”相遇，就是命运使然。非常感谢这次命中注定的相遇。

——须永洋史　34岁　个体户　埼玉县

• 我认识到了人拥有的可能性之大。与此同时，我也深切地感受到给自己设限是一件多么愚蠢的事情。感谢“1分钟学习法”。

——20多岁的男性　福冈县

• 学了“1分钟学习法”后，我从翻书这样简单的事情做起，再也没有半途而废。以前，我一拿起书就不想读了（能读到最后的书非常少……），现在多亏了能在“色彩魔法纸”上做记录，通过实践证明自己是可以的，变得自信了。

——田村晶一　38岁　个体户　静冈县

• 结论让我明白了，自己之前常常觉得到达了极限，其实都是不对的。极限从来都是自己决定的，随时都可以打破。谢谢。

——50多岁的女性　鹿儿岛县

• 我在新的领域里，有很多想学的东西。但是，学习的过程总是没有想象中顺利。因此我常常感到焦虑。刚开始练习“1分钟学习法”时，我感到很快就能集中注意力。之前我一直有整理笔记的习惯，但如果有人问我“记住了什么”，总是发现自己什么也没记住。使用“色彩魔法纸”之后，我发现自己学会了如何抓住重要内容并进行深度思考。

——野内三和子　40多岁　自由职业　大阪府

写在前面

“1分钟学习法”，你也可以学会！

“‘1分钟学习法’？用1分钟就能完成学习，不可能的！”

“用1分钟就能完成学习的话，考试倒是不愁了，但是怎么可能有这样的方法！”

看到这本书的书名，可能会有人这样想。

· “肯定不行！”

· “自己又不聪明，肯定掌握不了这样的方法。”

一开始你是不是也这样想呢？

但是，**事实上，你有“无限的能力”。**

据说，人类大脑的97%通常处在未使用的状态。

但是，如果将这97%有效利用的话，你还会认为花1分钟就能完成学习的事情是不可能的吗？

大脑中平常不使用的部分有97%，1分钟学习法是指，通过使用这部分大脑来掌握的全新的学习法。

我本身并非生来聪慧，也没有天才特质。

可是，我编写出了“1分钟学习法”。在即将完成之际，尽管稍显冒昧，但是我想将许多的不可能变为可能。

【高考应试学习（在6万人参加的模拟考试中获得第一名！）】

例如，我在应对高考的学习中，从原本无法学习的状态，转而获得代代木补习班模拟考试全国第1名。

高中3年，尽管几乎没学过数学，复读之后只花了3个月，数学成绩的偏差值[①]就提高到了74。

【求职（拿到电视台播报员内定）】

并且，在求职考试中，从几乎不与人交谈、不看电视、不善言辞的状态，转而通过了电视台播报员的考试。

【创立公司】

后来，辞去播报员岗位，开始学习商务，1年后创立了公司，成为董事长，3年时间就将公司发展到年销售额1亿日元以上。

从几乎为零的基础开始，成功通过测试，在求职考试中拿到内定，学习商务的话，事业也获得了成功。

如果你与生俱来的未知能力苏醒了，同样的事情你也可以做到。

“就算这样说，肯定也是很难学会的方法吧。”

---

① 偏差值，是指相对平均值的偏差数值，是日本对学生智力、学力的一项计算公式值，反映的是每个人在所有考生中的水准顺应，成为日本评价学生学习能力的一项标准。

“普通人很难做到吧。肯定只有很少一部分人能学会。”

可能，你现在还是会这样想。

但是，**“1分钟学习法”是一种非常简单的方法，谁都可以学会。**

“1分钟学习法”，你也可以学会！

通过以下2个步骤，无论是谁都能学会“1分钟学习法”。

①【时间魔法】

使用缩短时间的魔法，通常需要60分钟才能读完的一本书，1分钟就能读完！

②【色彩魔法】

使用色彩魔法，“1本1秒”=花1分钟就可以复习完60本书！

仅仅，需要这两步。最后，只需要1分钟的时间，就可以完成60本书的学习。也就是说，现在最有用的、最重要的60本书中的信息，1本1秒，1分钟60本书，每天无论想复习多少遍都可以。

“1分钟学习法”的最终形态

① “时间魔法”

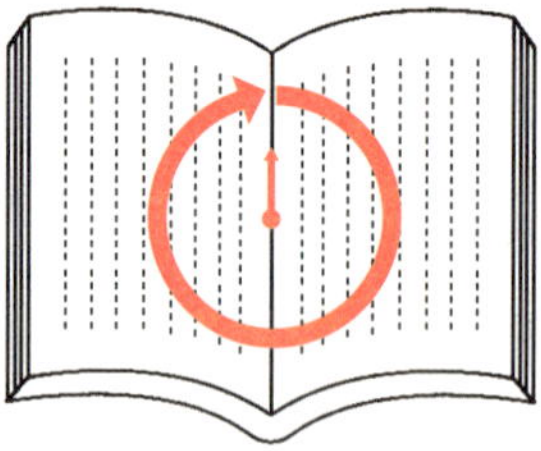

1本书
=1分钟
学会

② “色彩魔法”

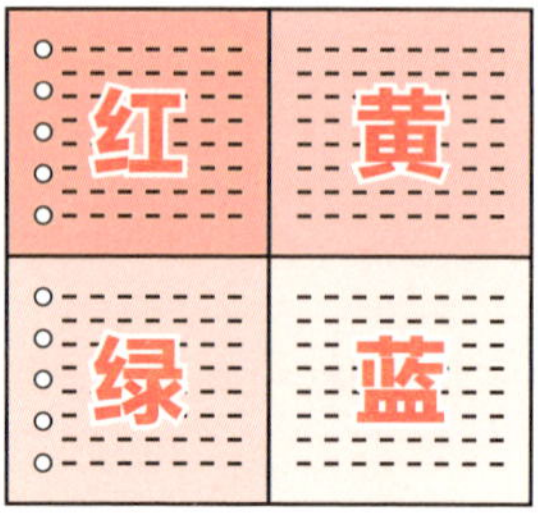

红 黄 绿 蓝

1本书的复习
=1秒
学会

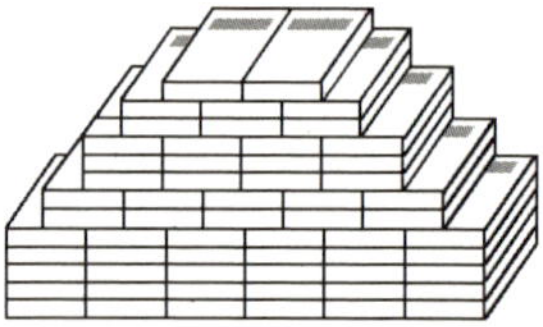

60本书的复习
=1分钟
完成

因为1分钟就可以复习60本书，所以可以反复复习，如果每天进行彻底的复习，无论是谁，记忆量都会增大并学会书中的内容。

这样的事情是可能的吧？是的。读了本书，你也可以做到。

学会“时间魔法”，将原本需要花费1个小时才能学会的东西，缩短到1分钟。再运用“色彩魔法”，用1分钟完成60本书的复习。

通过这2个步骤，“1分钟学习法”就完成了。

并且，**“读书才是最好的学习”**，是众多成功者们大声吐露的感想。

学习这件事，只要开始，永远不晚。

人生中最年轻的一天，正是今天。

在你犹豫要不要学习的时候，1分钟转瞬即逝。有闲工夫犹豫不决，不如来尝试“1分钟学习法”，马上开始学习吧。人生短暂，我们只能“现在、马上”开始。

如果掌握了这种方法，你会充满自信，毕竟你花1分钟就可以学会……

这本书，正是为了让你能有效到用有限的时间、度过有意义的人生而作。

花1分钟就可以完成学习的话，你就获得了自由的时间。

获得“自由的时间”吧！

如果是中学生、高中生、大学生的话，使用“1分钟学习法”能让成绩提高，空闲的时间可以用来专心参加社团活动。

如果是20多岁、30多岁的女性，能用最快速度完成学习的话，就有时间和男朋友约会了吧。

如果是20多岁、30多岁、40多岁的男性，用1分钟完成学习，空闲的时间可以用来陪伴家人。

如果是50多岁、60多岁、70多岁、80多岁的人，找到新的兴趣点，就算是变成那个领域的专家，也是有可能的。

通常，可能只有通过考试的“结果”和通过学习得到的“学问”，才算学习成果。

但是，“1分钟学习法”在此基础上，把获得人生中“自

由的时间”也加入其中。

法国著名理论物理学家伯纳德·德斯帕尼亚说：“对人类来说，最重要的东西莫过于时间。”正如上文所言，你人生中最重要的东西，正是“时间”。

如果你能一直把这本书放在手边，反复多读几遍的话，肯定会大有帮助。通过反复阅读，你会在潜意识里渐渐把“1分钟学习法”当作理所应当的事情。

来吧，让我们一起用“1分钟学习法”这种魔法，获得“自由的时间”吧。

然后，要不要试着用“自由的时间”，在只有一次的人生中活出最好的自己呢？

Kokoro Cinderella有限公司　董事长　石井贵士

目录

序章 “1 分钟学习法”的构成

❶ 你拥有掌握“1分钟学习法”的能力 003

❷ 使用①“缩短时间的魔法”和②“右脑的能力” 010

第 1 章 因为无效学习，“1 分钟学习法”诞生了

❶ 无效学习的小学~中学时代 019

❷ 获得全国模拟考试第1名的学习法是什么 024

❸ 为什么读书可以做到“1本1分钟”呢 029

总结 因为无效学习，“1分钟学习法”诞生了 034

COLUMN “1分钟学习法”体验者心声❶ 035

第2章 “1分钟学习法”的4个优点

❶【1分钟学习法的优点①】读书才是对头脑最大的投资 039

❷【1分钟学习法的优点②】留下无法忘却的记忆 047

❸【1分钟学习法的优点③】在正式场合发挥最佳水平 053

❹【1分钟学习法的优点④】读200本书的话，就能成为那个领域的专家 058

总结 “1分钟学习法”的4个优点 063

COLUMN “1分钟学习法”体验者心声❷ 064

第3章 “1分钟学习法”的4个特点

❶【1分钟学习法的特点①】视觉要素特殊化，让速度变快 067

❷【1分钟学习法的特点②】可以活用潜意识的庞大数据 071

❸【1分钟学习法的特点③】“1天3分法”更有效率 079

❹【1分钟学习法的特点④】“刺拳KO法”，反复利用零碎时间 085

总结 “1分钟学习法”的4个特点 090

COLUMN “1分钟学习法”体验者心声❸ 091

第 4 章

让“1 本 1 分钟”变为可能的能力是什么

1 “1本1分钟”是不用速读的 095

2 为了快速读书，就不能去读书 098

3 不是Reading（阅读），是Leading（引导） 101

总结 让“1本1分钟”变为可能的能力是什么 108

COLUMN “1分钟学习法”体验者心声4 109

第 5 章

1 本书 1 分钟就能学完的“时间魔法”

1【第1阶段】10分钟导读法 113

2【第2阶段】5分钟导读法 121

3【第3阶段】1分钟导读法 126

4 “翻页方法”是有重要技巧的 130

5 “折书角”标记重要的地方 132

6 实际尝试“1分钟导读法”吧 135

7 2天学会“1分钟导读法”的最快掌握法 142

8 感觉时间变短，唤醒“时间魔法” 147

9 连续3个月，效果更好 153

总结 1本书1分钟就能学完的"时间魔法" 156

COLUMN "1分钟学习法"体验者心声⑤ 157

第6章

复习60本只用1分钟的"色彩魔法"

❶ 为了增加原有的知识量 161

❷ 右脑对颜色有反应 168

❸ 只需分别使用（红绿黄蓝）4种颜色 172

❹ 使用"色彩魔法"的话，复习可以做到"1本1秒" 177

❺ 使用"4色透明内页文件夹"，提高复习效率 184

总结 复习60本只用1分钟的"色彩魔法" 193

COLUMN "1分钟学习法"体验者心声⑥ 194

后记 195

序 章

“1 分钟学习法”的构成

你拥有掌握“1分钟学习法”的能力

“受到引言的影响，读到了序章的我究竟……

果然还是感觉被骗了。

花1分钟完成学习什么的，根本就不可能。”

可能，你还在这么想吧。

但是，在心中的某处，是不是在这样想呢?

“不过，要是能花1分钟就完成学习的话，那可厉害了！”

“就算是从明天开始学习，有1个月的时间，无论什么考试都能突破！”

这就对了。首先，这种感觉是很重要的。

那么，接下来，请这样想。

“我能掌握‘1分钟学习法’，是理所当然的。”

“我一定能行。”

如果从一开始就觉得“不行吧”“我做不到”的话，无论把这本书读多少遍，都是不可能学会的。

如果莱特兄弟从一开始就觉得“人类不可能在天空中飞翔”的话，飞机就不可能诞生了。

正是因为对“人类能在天空中飞翔”这点深信不疑，**就算失败过很多次，最终仍然成功发明出了飞机。**

看见飞机在天空中飞行，轰动一时，莱特兄弟这样说：

“虽然成功飞起来了，但并没有感到特别激动或者兴奋。我们一直觉得像这样就能飞起来，事实也正是如此。只是这样而已。”

（引用自《D·卡内基人生的启迪》[三笠书房2015年3月出版]卡内基著　菅靖彦编译）

同样，如果你没有100%相信“花1分钟完成学习是可能的”，掌握这种方法就会变难。

不仅要用上你平时使用的3%的显意识，当你将97%的潜意识也全都用来相信“花1分钟完成学习是可能的”的时候，你自然而然地就能掌握“1分钟学习法”了。

深信“我一定可以的”，潜能会被发挥出来

“就算你说了这么多，可还没说明这本书的主要内容，我还是无法相信。”

但是，想着“一定可以”然后再读下去，和想着“肯定不行”然后读下去，二者对于潜意识的渗透度是完全不同的。

接下来，介绍一个在某小学进行的“实验”。

首先，对一个班的40名小学生说，“请以最快速度跑完50米”，测算用时。

被要求“以最快速度跑完50米”，学生们自然会拼命跑。

然后，让学生们稍作休息，并对他们这样说。

“反复劝说自己可以跑得更快！还可以跑得更快！请在充分感受这种心情后，再跑一次。”

那这次学生们的用时如何呢？
用时是缩短了呢？还是没有任何变化呢？

令人吃惊的是，**40人中，竟然有38人的用时缩短了**。
怎么样？这正是“潜意识的力量”。

“读完这本书，我一定可以花1分钟就完成学习。我是最棒的！我就要变得无敌了！”请你想着这些话进行接下来的阅读。

如果读过之后还是觉得自己不行（不，我觉得这种可能性实在是太低了），到时候再说“自己果然不行”也为时不晚。

利用“潜意识的力量”
好~的
请以最快速度跑
测算40人的用时
请在劝说自己“可以跑得更快”之后再跑一次
“我可以跑得更快！”
“我可以跑得更快！”
40人中竟然有38人的用时缩短了！

如果拥有“相信自己的可能性的力量”，极限是不存在的

曾经是奥运选手的父母不断对其孩子说，“你一定能成为奥运选手”，孩子就会当真并且开始练习。事实上，这个孩子大概率真的会成为奥运选手。

前奥运选手的孩子也成为奥运选手的例子，有很多。

- 母亲曾是奥运会标枪项目罗马尼亚代表选手的室伏广治
- 举重项目铜牌获得者三宅义行的女儿，举重选手三宅宏实
- 体操项目金牌获得者相原信行的儿子，体操项目铜牌获得者相原丰

还有很多……

这些毋庸置疑。

只要**全心全意地相信自己并练习**就对了。

抱着“我做不成奥运选手”的想法练习，和抱着“我就应该成为奥运选手”的想法练习，结果会完全不同。

首先，相信“自己无限的可能性”，可以学会“1分钟学习法”。

现在！

就是现在！

请深深相信，不要怀疑。

正因为此刻没有依据，首先相信自己才是最重要的。

只要你这样做了，读完这本书的时候，必定会收获与众不同的结果。

使用①“缩短时间的魔法”和②“右脑的能力”

“1分钟学习法”只需要非常简单的2个步骤，就可以掌握。

①【时间魔法】

使用缩短时间的魔法，通常需要60分钟才能读完的一本书，1分钟就能读完。

②【色彩魔法】

使用色彩魔法，“1本1秒”=花1分钟就可以复习完60本书。

只需要这2个步骤。

首先，你要从“时间魔法”开始学习。

根据“爱因斯坦的相对论”，时间这种东西并非是绝对的（长度确定的），而是相对的（长度不确定的）。

也就是说，时间并没有“固定的长度”。

总之，“1分钟”的长度，绝对不是由时间的长短决定的，因人而异，有人感觉长，有人感觉短。

时间是可以变长的

例如，“坐禅”的时候，你会觉得1分钟都十分漫长吧。

在难受的姿势下，就算只有1分钟，都会感觉度日如年。

相反，如果让你在最喜欢的艺人的演唱会上待1个小时。

结束的时候，你会感到“什么？已经过了1个小时了？时间太短了啊”。

和最爱的人约会时，1个小时仿佛一瞬间就过去了；和讨厌的上司在一起1个小时的话，会感到那段时间格外漫长。

关于“相对论”，爱因斯坦做了如下的简单说明。

“在美女身边待上1个小时，感觉只过了1分钟，但是坐在热炉子上1分钟，却感觉好像过了1个小时。这就是相对论原理。”

（引用自《D·卡内基人生的启迪》[三笠书房2015年3月出版]卡内基著　菅靖彦编译）

也就是说，根据你的心情，“时间魔法”会被启动。

关于使用“时间魔法”，花1分钟可以读完1本书的方法论，我会在第4章进行说明（不过，请不要突然跳着读，请按顺序阅读）。

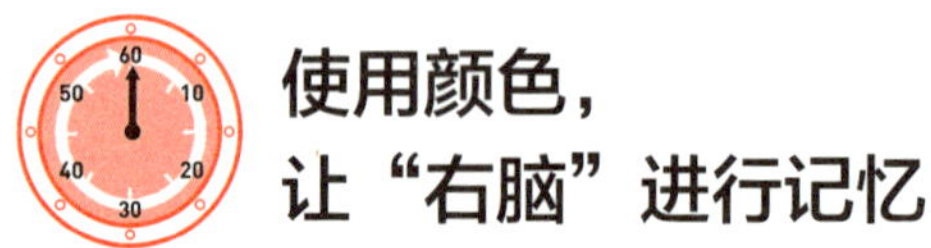

使用颜色，让“右脑”进行记忆

接下来，需要掌握的是“色彩魔法”。

右脑对颜色有反应。

因此，利用颜色使记忆变深刻，可以使大脑的全部得到活用。

这时，为了便于理解，推荐使用“4色”来加深记忆。

一言以蔽之，即红、绿、黄、蓝4种颜色。

用这4种颜色制作1张纸，用这张纸反复进行1秒练习，加深记忆。

这样做的话，就可以做到花1分钟复习60张（60本书）了。

如果能做到的话，就不会输给任何人了吧？

关于“色彩魔法”，我会在第6章进行说明。

如果，用“时间魔法”能将60分钟缩短为1分钟，用“色彩魔法”能在1分钟之内反复复习60本书，你觉得怎么样呢？

如果，这些真的能实现，你不觉得你的人生一下子就改变了吗？

“1分钟学习法”是利用“时间魔法”和“色彩魔法”，将学习时间缩短为1分钟的一种**“操控时间伸缩自如的学习法”**。

“缩短时间的魔法”和“右脑的魔法”

时间魔法是指？ = 缩短时间的魔法

色彩魔法是指？ = 右脑的魔法

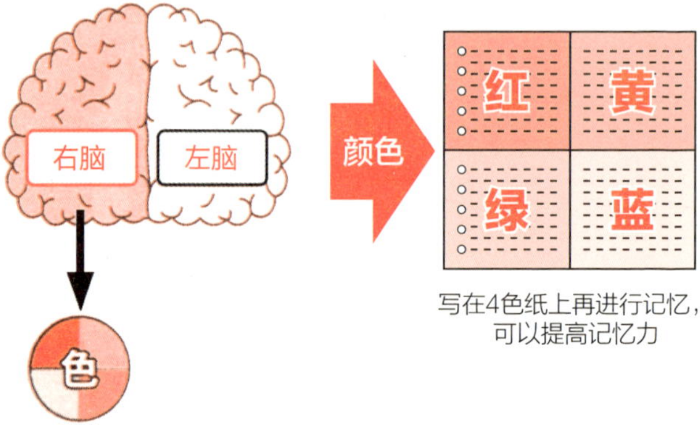

写在4色纸上再进行记忆，可以提高记忆力

“不过，如果是这么厉害的方法的话，光是掌握这种方法就要花上1年、2年吧？”

“我太忙了，没有那么多时间。”

“肯定是那种很复杂，谁都无法模仿的方法吧。我可能学不会。”

可能还会有人这样想。

但是，**迄今为止经过我直接传授这种方法的人，全部在2天内成功掌握了“1分钟学习法”，所以请放心。**

这与年龄和天赋无关。

只要2天时间，你也可以拥有掌握“1分钟学习法”的状态。

一点都不复杂，只用非常简单的方法，就可以掌握“1分钟学习法”。

你也通过这本书来一起掌握“1分钟学习法”吧！

第 1 章

因为无效学习，“1 分钟学习法”诞生了

无效学习的小学~中学时代

我学习意识的觉醒，是在初中一年级的时候。

从小学时开始，我运动神经不发达，画画不行，音乐也不行，这样下去我就要变成“一无是处的人”了。

于是，我抱着至少让自己变成有一技之长的人的想法，开始了学习。

学习的话，我觉得肯定是“因努力总量而定”，只要努力就可以比别人学得好。

虽然我本不是聪明的人，但是只要增加学习时间，肯定错不了。

我当时一直相信，“努力是不会背叛我的”。

并没有特别去思考学习法，总之增加学习时间就对了。

这是我对自己初中时候学习法的看法。

因此，初中三年级的时候，我同时在2家补习班补习。

当时我在星期二、星期四、星期六去一家补习班，星期三、星期五去另外一家补习班，星期日尽量多参加模拟考试。

由于如此努力地学习，在某种程度上，成绩确实有所提高。

但是，到了真正的升学考试时，却不行了，第一志愿全都没中。

最后，我只能进唯一录取我的一所男子高中。

就算变成了高中生，我还是相信在“学习时间”上做出的努力不会背叛我，一直努力地学习。

可是，上了高中后，必须要记住的内容也增加了，本来就算不上聪明的我，渐渐跟不上了。

学习的秘诀在于“短时间内不断重复”

高中二年级的时候，我在补习班遇到了一个英语老师。

他教给我的是这样的学习法。

“英语单词绝对不要边写边记！1个单词1秒，看一遍就记住！不断重复这个过程！如此一来，记忆就会加深。”

事实上，就连我这种英语成绩很差的人，开始用了这种学习法后，只花了3个月，英语的偏差值就提高到了75。

尽管我当时是高中二年级，可就算是参加高中一年级的“针对高中三年级学生·补习班学生的模拟考试”，也得到了偏差值65这样一个成绩。

“原来如此。‘短时间内不断重复！’这才是学习的必胜法！”

实际上，“1分钟学习法”的起源，正是这种“1秒钟学习法”。

“短时间内重复”是学习的必胜法

- 英语单词不能边写边记
- 1个单词不能花费很长时间

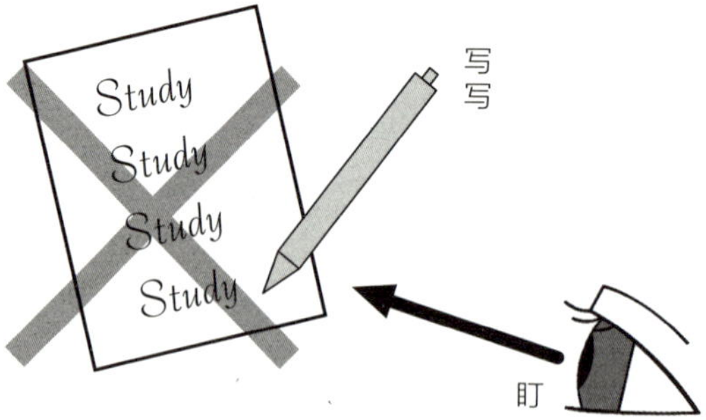

- 1个单词1秒
- 短时间内不断重复

||

学习的必胜法

并且，用同样的方法学习之后，其他科目的成绩也有所提高，在“Z会的庆应模拟考试”中，我竟然获得了全国第1名。

可是，悲剧又一次发生了。

尽管我如此努力地学习，高考时，却一所大学都没考上。

原因很清楚。

当时，补习班里考了两次都没考上的朋友常常跟我说“你肯定能考上，真好啊。你也听听我的烦恼嘛”之类的话，于是，我们每天都一起聊上好几个小时。

而且，是在高考前最重要的1个月里。

结果，真正到了高考，我考得糟透了。

一所学校都没考上。

获得全国模拟考试第1名的学习法是什么

然后，我开始了复读生活。我去的是代代木补习班，3月份会进行一次叫作“基础能力判断测试”的全国模拟考试。

最终，我在200分满分的英语考试中，获得了200分满分。200分满分的语文考试中，获得了198分。凭借这个成绩，我竟然在“代代木补习班的全国模拟测试”里，在6万人中获得了第1名！

关于那次考试，补习班有个老师随口说了这样的话。

“这次考试的分数，完全不用在意。这次考试是面向刚参加完高考的复读生的，也就是说，这是用来判定‘谁是日本最不擅长考试的人’的考试。总之，明明在这次模拟考试中得了第1名，高考时却落榜的人，才是最不擅长考试的人。所以，就算这次考试的分数很糟，也不用在意。相反，千万不要成为那种一到正式考试就落榜的人！”

听了这话，会场中爆笑起来。

可是，那个日本最不擅长考试的人，正是我自己。

在考试中获得了第1名，我却头一次为此流了泪。

“自己是真的不行吗？这样下去，真的会变成日本最不擅长考试的人。我必须要在这1年里，变成擅长考试的人。”我下定了决心。

助我成功通过庆应大学考试的“5分钟学习法”

好，那就继续改良学习英语单词时使用过的“1秒钟学习法”，让它能适用于更多科目吧。

如此一来，人就能以提高几倍的效率学习，知识量也会有所提升。

并且，在正式考试前的1个月里，通过以5分钟为单位的反复学习，在达到巅峰的时候参加高考。

就这样，眼泪换来了我在复读时期研究出的“5分钟学习法”。

采取这样的方法，1天学习12~14个小时。

英语的长篇文章，5分钟读1篇，1天读20篇。

数学也是5分钟弄懂1个问题。

就这样，将效率提高到最大限度，让学习时间大幅增加，再就是高考前夕不松懈，最终，我竟然考上了庆应大学经济学部。

那个瞬间，我从不擅长考试的人，脱胎换骨成为擅长考试的人。

突然决定成为播报员

但是，我的“学习人生”并未到此为止。

大学二年级时的圣诞节，我非常喜欢的播报员逸见政孝去世了，于是我产生了“自己也能成为带给很多人勇气的存在”的想法，决心成为电视台的播报员。

这次，备考时期习得的技术，在准备播报员考试中发挥作用的时候到了。

因为之前克服了“无效学习的状态”，甚至是“不擅长考试的状态”，我想这次肯定也会有办法的。

在家练习读稿子，和考试时一样，反复出声朗读。

对于从未接触过的体育运动，原本连规则都不懂，但我也进行了实况练习。就连自我介绍也练习了很多遍。

但是，如我所料，由于是从原本不怎么和别人说话的状态开始的，一个接一个的面试，全军覆没了。

这次与其说是不擅长考试，更像是被吓得说不出话来。

考试必胜法的关键点是：怎样利用零碎的时间，反复让知识进入大脑？

但是，在求职考试中，特别是播报员考试必胜法的关键点在于“怎样少说话？怎样隐藏缺点？”。

多亏我注意到了这一点，在之后的面试中尽量少说话，最后成功当上了播报员。

我做了5年的播报员，这期间“5分钟学习法”很好用。

从未买过CD的我承担过音乐节目DJ的工作，也做过完全不懂的体育运动的实况播报。因为掌握了这个学习法，所以都顺利地完成了。

为什么读书可以做到“1本1分钟”呢

就在我成为播报员后的某一天，突然闪过一个念头。

“放弃电视台播报员的工作，从零开始创业，最终成为亿万富翁的话，应该会带给更多人勇气吧？”

我突然这样想。

大家可能觉得这个想法看起来很蠢，但一旦有了这个念头，就没法不去想它。

于是，我真的辞掉了播报员的工作，从无固定职业开始做起。

那天是2002年3月31日。

当然，我根本就没有从商的经验，相关知识也不懂。

但是，我决定干！

于是，我又一次认定“像备考时期那样学习就一定能成功”。

定下读完2000本商务用书的计划

“全世界、全日本的商务成功人士有很多。假设，我把那些人写的书读2000本左右，我应该也能成功吧？”

我设立了这样的假说，并决心付诸实践。

如果我能建立和成功人士一样的思维模式，我应该也能想出很多点子。

而且，我相信如果自己和成功者做出一样的行动，自己肯定也能成功。

于是，这次我挑战了“快速读书”。

在将近100天里，不间断地训练自己每天阅读2~4个小时。

结果就是，10分钟左右就能读完1本书。

身边的人都说：“10分钟就能读完1本书，好厉害啊，很快啊。”

但是，我在那时想到一件事。

“我比别人开始得晚，也没什么才能。就算是1本书10分钟就能读完，要读完2000本书也还要很久。如果我不能花1分钟就读完1本书的话，肯定不行。对了，这次我研究一个1分钟读完1本书的新方法吧。”

1本1分钟！研究“1分钟导读法”

然后，反复试验的结果就是，我成功研究出了1分钟读完1本书的划时代的读书方法。

因为是花1分钟读完1本书的方法，所以我自己将其命名为“1分钟导读法”，并且逐步提高准确度（在此基础上进一步改良、扩展得到的是本书中的“1分钟学习法”）。

用这样的方法，我真的在1年里读完了将近2000本商务用书。

然后，2003年，我创立了自己的公司。

我从完全不懂商务的状态，到编写出这个学习法并付诸实践，并且让刚刚创立的公司运营步入了正轨。

正是因为成功收集了诸多信息，才能顺利出书，尽管距离我通过这本书的第一版《让你真正变聪明的1分钟学习法》，作为作家出道已经过去多年了，但是这本书成为2009年的年度畅销书第1名（商务书籍日贩调查所得数据）。

通过我的直接传授，听讲生全员掌握了“1分钟学习法”

如果你也能掌握“1分钟学习法”，就等于完全打开了崭新人生的大门。

花1分钟学习。

怎么可能呢?

这样想的人应该很多。但是，我自己通过实践，取得了成功。并且，实际以“研讨班形式”直接传授这种技术时，全员成功掌握了“1分钟学习法”。

而且，仅仅花了2天时间。

如果你也可以掌握这种方法的话……

没问题的。一定可以的。

那么，如何掌握“1分钟学习法”呢？我们就从这里讲起吧。

第 1 章

因为无效学习，“1分钟学习法”诞生了

总结

- “只要增加学习时间”这种想法，是最没有效率的
- 学习的秘诀在于“短时间内不断重复”
- 努力克服自己弱点的过程，正是成功的起点
- 决定“干！”，人生会充满活力
- 你一定能掌握“1分钟学习法”

“1分钟学习法”体验者心声① COLUMN

原来1本书要花3天才能读完的我，现在1本1分钟就可以

“筒井先生，你读1本书花多长时间？”

“嗯……3天左右吧。我不太喜欢读书。”

“那如果花1分钟就能学会1本书的内容，你高兴吗？”

“当然高兴……不过，根本不可能啊！”

我第一次听说“1分钟学习法”时，完全不相信。但是，当我能够掌握“1本1分钟”的方法后，读书的时间确实缩短了很多。于是我半信半疑地开始学习“1分钟学习法”。而且，实际用了“1分钟学习法”之后，我惊呆了：“成、成功了！以前我学习1本书要花3天时间，现在1分钟就能学完！”

并且，一起学习“1分钟学习法”的人，没有一个人掉队，全员掌握了。

请你也一定要来体验一下“1分钟学习法”的“时间魔法”。超越极限，能和崭新的自己相遇。

（筒井隆　35岁　个体户　石川县）

第2章

“1分钟学习法”的4个优点

【1分钟学习法的优点①】读书才是对头脑最大的投资

“每天从早忙到晚，没时间学习……”

“下班后还学习的话，就没时间陪恋人和家人了……”

我知道这样说的人很多。

但是，掌握了“1分钟学习法”的话，你可以获得更多的自由时间。

就算是读书速度快的人，1本书读完要花1个小时，1天读1本书的话，光读书也要花2个小时。

可是，如果读完1本书只需要1分钟的话，怎么样?

120分钟减掉2分钟，可以获得118分钟的自由时间。

如此一来，用这些时间，你可以陪伴喜欢的人，也可以用来培养兴趣爱好。

而且，许多成功者都这样说过，**“读书=学习才是对自己头脑最大的投资”**。

人的能力，几乎没有差别

“那个人，明明光玩了，可是一考试，成绩就是第1名。到底是什么时候学习的呀？”有人会被周围的人这样想。

明明到点就回家，喝酒、聚会也经常参加，却能牢记工作指南，工作比谁做得都好，这样的人也是有的。

明明从来看不见读书的样子，热点新闻和书却能随时掌握，无论是什么样的话题都能侃侃而谈，这样的人也是有的吧。

遇见这样的人，肯定有很多人觉得，“那个人肯定是天生就很聪明”“原本就能力出众”吧？

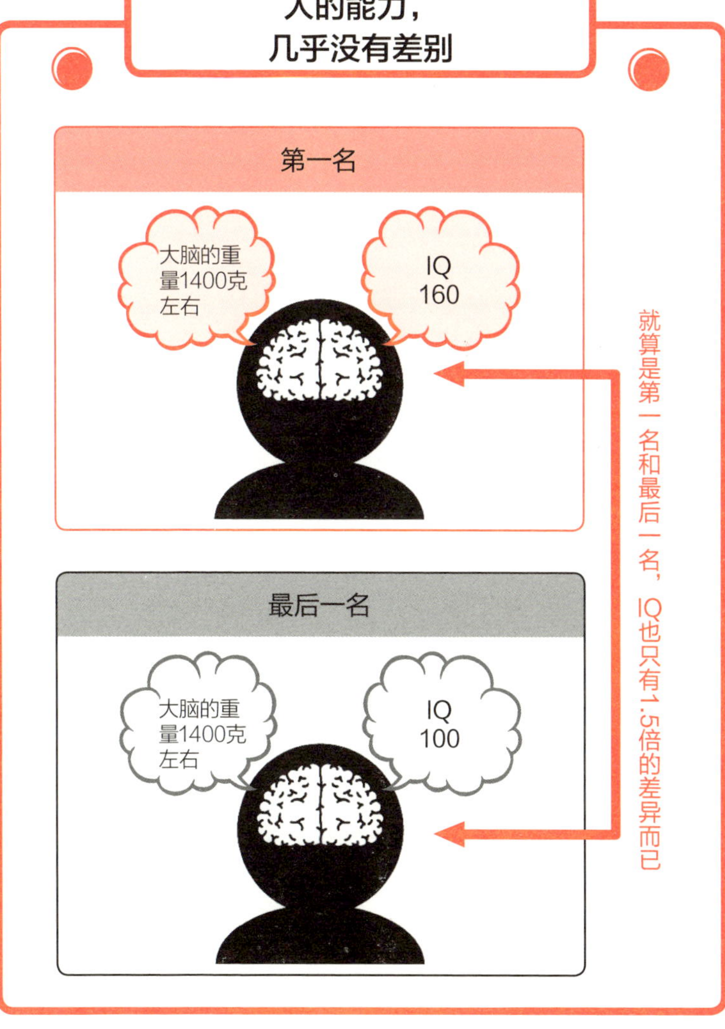
人的能力，
几乎没有差别
第一名
大脑的重量1400克左右
IQ 160
最后一名
大脑的重量1400克左右
IQ 100
就算是第一名和最后一名，IQ也只有1.5倍的差异而已

可是，这样的人“只是能比你更有效率地学习”，天生的聪明程度，大家都是差不多的。

真的有很多人，在做之前，就觉得自己没有别人那么有天赋，最后放弃了。正因如此，真的很可惜。

不过，大脑的重量，不管是谁，都大约是1400克。

IQ的差异也是，日本人中，只要是健康的人，几乎都能达到100以上，最高的在160左右，也就是说，第一名和最后一名之间，只有1.5倍的差异而已。

总之，天生能力就有差异什么的，几乎是不存在的。

比起那个，后天能否掌握有效率的学习方法才是关键。

花5分钟，就能读完英语长篇文章

例如，我在备考时期，1天读20篇英语长篇文章。

（你可能觉得我是在吹牛，但是当你读完这本书，就知道我不是在吹牛了。到时候你应该会觉得，1天才读20篇长篇文章，也太少了吧？）

虽然其他人读英语长篇文章需要将近1个小时，但是我使用“时间魔法”，只需要5分钟就可以读完。

其他人花1个小时读1篇英语长篇文章，我1个小时可以读12篇英语长篇文章。

因为2个小时都用不上，我就能完成20篇长篇文章的阅读理解，当时真的非常担心：“我做题的速度，要是比长篇文章阅读题练习册的发行速度都快了，那可怎么办呀？”

我跟母亲要了1万日元用来买参考书，因为我1周左右就全都做完了，结果被母亲怀疑钱是不是都用来玩了？

现在日语书1本1分钟能读完，可能速度比原来更快了。

不过，虽然当时只用了“时间魔法”，但是一篇英语长篇文章，5分钟左右就能读完。

正因如此，在**“代代木补习班的模拟考试”里，在6万人中获得第1名的成绩**也就不足为奇了。

对自己头脑最大的投资是“读书”

“就算能1分钟学完1本书，但是要花很多钱，我可不愿意。”抱有这样想法的人，我无法推荐你继续阅读这本书了。

能完成常人20倍、60倍的学习，仅这一点，肯定就需要“对知识的投资”。我说过很多次了，“对自己头脑最大的投资是读书”。

不过，“对自己头脑的投资”，在未来，会给自己带来几千倍、几万倍的回报。

如果你继续像现在这样，让不学习的状态持续下去的话，那么你的收入和地位就不会有改变。这是必然的。

社会是根据你的能力，给予你对等的薪水。

因为你的能力没有改变，所以你的收入自然也不会有变化。

不对自己的头脑进行投资，就不会成功。

就算可以1本书1分钟读完，如果不买书的话，就无法不断

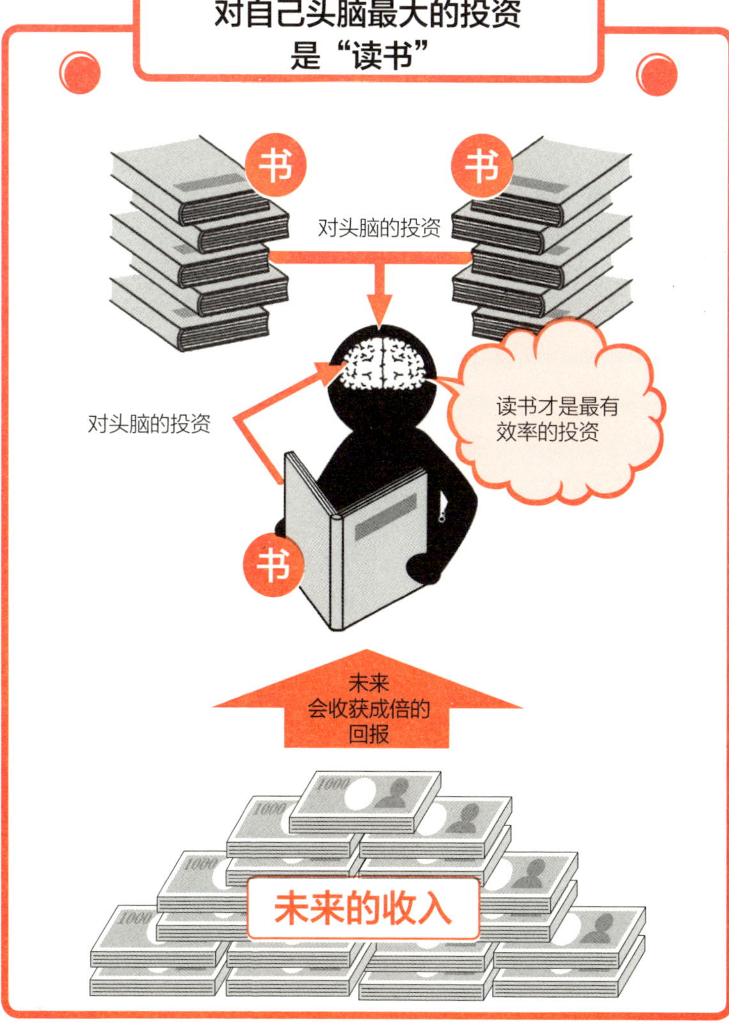
对自己头脑最大的投资
是"读书"
书
书
对头脑的投资
对头脑的投资
读书才是最有
效率的投资
书
未来
会收获成倍的
回报
1000
未来的收入

读书，也没办法使用“色彩魔法”，把60本书的内容在1分钟内进行复习了。

怎么样？

准备好了吗？

“明白了。就算是这样，我也想变聪明。”

“既然已经知道了这本书的存在，我决心要变成1分钟就能完成学习的人。”

真的吗？

我知道了。

在你的人生中，从现在开始，可能确实需要花很多钱去买有用的书籍，但是，**对自己头脑的投资，会给你带来几千倍、几万倍的回报。**

如果你觉得就算是花些买书钱，也想掌握“1分钟学习法”的话，我感到很荣幸。

【1分钟学习法的优点②】留下无法忘却的记忆

“就算记住了，很快也会忘掉。”

“明明好不容易学会了，结果现在已经什么都不记得了。”

“明明花了1个星期读1本书，过了1个月，书里写的大部分内容都不记得了。”

我想，很多人都有这样的烦恼。

但是，如果用“1分钟学习法”，记忆会很牢固。

因为用“色彩魔法”这种方法，使用颜色，1秒钟就能复习1本书。

如果想更加细致地复习的话，花1分钟把那本书重新读一遍，也是可以的。

转换到“长期记忆”的话，就不会忘记

为什么会忘记呢？那是因为记忆是有构成的。

一般认为，记忆分2种。

那就是“短期记忆”和“长期记忆”。

短期记忆是指，如字面意思，短时间内就会忘却的记忆。

一般认为，短期记忆通常是存在“20秒”。

数字的话，人一般只能记住“5位数~9位数”。

例如：

【7位的数字】

9726174

大部分人都能记住，但如果是：

【12位的数字】

369761462917

12位数字的话，能记住的人就很少了。

在短时间内记住数字时的记忆，就相当于短期记忆。因此，例如信用卡的卡号，会按照××××-××××-××××这样，每到4位数就断开，方便记忆。

长期记忆是指，与之相反的，可以长久保持的记忆。

过去的事情还记得，日语和汉字都没有忘记，这就是长期记忆的结果。

总之，**要把通过“短期记忆”得到的知识，转换到“长期记忆”。**

如果**把这种行为想成是学习**的话，就很好理解了。

你可能一直觉得自己记忆力不好。

可是，无论是谁，短期记忆都只有“20秒”而已。数字的话，人都只能记住“7位数左右”。

而且，只记1遍的话，1个小时后，忘掉一半以上的内容是非常正常的，因此，这并非由于你的记忆力不好。

“复习只需要1秒”的话，就算重复60次，也只需要1分钟就能完成复习

“我明白了。你是在说复习很重要吧？”

是的。正是如此。

但是，大部分情况是，光是复习就要花上2个小时、3个小时。

不过，如果“1秒”就能完成复习的话，怎么样？

就算是重复60次，也才花费1分钟而已。

如此一来，你也可以使长期记忆变得牢固了吧？

我在备考时期，复读之后开始进行数学的学习。我通过多

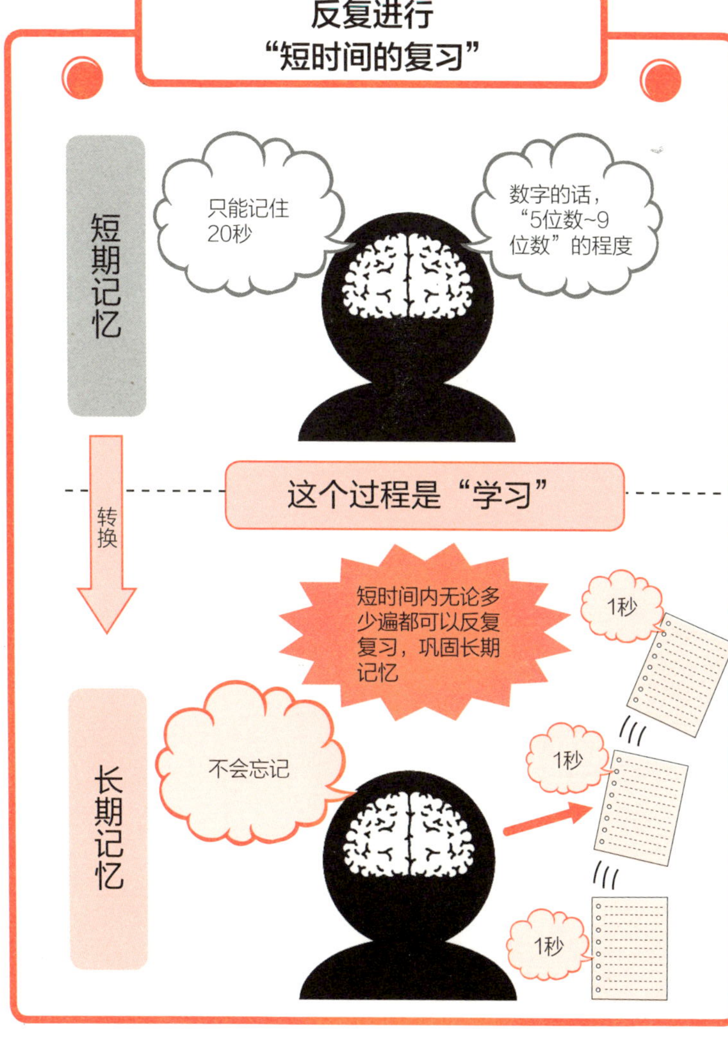
反复进行
“短时间的复习”
短期记忆
只能记住20秒
数字的话，“5位数~9位数”的程度
这个过程是“学习”
转换
短时间内无论多少遍都可以反复复习，巩固长期记忆
1秒
1秒
1秒
长期记忆
不会忘记

次反复看公式什么的，让大部分公式变为长期记忆，牢牢记住了。

我曾经从偏差值无限接近最后一名的状态，只用了3个月就将偏差值提高到了70以上。

正因为不断地反复复习，那些公式一直到考试当天，都记得很牢。

虽然有人说“好讨厌复习”“复习好麻烦”，但是准确地说，应该是**“复习要花很多时间所以讨厌”**吧。

如果运用“1秒记住，60次反复”的方法，那么只需要1分钟就能完成复习的话，你不觉得记忆这件事情会变得很轻松吗？

【1分钟学习法的优点③】在正式场合发挥最佳水平

“每次都是在最重要的考试中失利。”

“模拟考试的成绩挺好的，可是一到正式考试就落榜。”

这种心情，我简直太理解了。

因为我本身也是一个一到正式考试，就考不好的人。

中考的时候，虽然大家都认为我一定能考上，但最后除了1所学校，其他的志愿全都落榜了。高考的时候，在及格率80%的地方，接受了6次考试，6次全都失败了。

在及格率80%的考试中6连败，可以说是1/5的6次方的概率。

总之，尽管是1/5625的概率，我还是在考试中全部失利了，正式高考时也落榜了。

我当时弱到这种程度。

我想，正是因为掌握了“1分钟学习法”（虽然当时还是“5分钟学习法”），我才在正式考试中变强了。

因为考前想复习多少遍都行，所以可以控制巅峰的到来

如果掌握了“1分钟学习法”，就可以让巅峰状态在考试当天到来。

考前使用“1分钟学习法”，反复多次将学到的内容尽可能多地往脑子里装。

如此，在正式考试中，那些成果便会发挥作用。

复读时期，我忙于数学和英语的学习，几乎没太顾得上世界史的学习。模拟考试的前一天，我只用了“1分钟学习法”，就连续获得了偏差值70以上的成绩。

“为什么石井不学世界史，连课都不来上，却能取得全国前几名的成绩呢？”身边的人感到疑惑。

理由很简单。

在考试前一天，用“1分钟学习法”，花20分钟看20本左右的世界史参考书，然后将1秒记住的内容在1分钟内复习60次，并将这一过程多次重复，就可以牢固记忆了。

这样，从古代到近代，全部都能看一遍。

仅此而已。

“不行，这也太厉害了！普通人不可能做到啊！”

可能有人会这样想，但是我想你在读完这本书之后，一定也能做到同样的事。

所以，在现阶段，请你相信一定能轻松获胜！

总之，掌握“1分钟学习法”，考前花1分钟复习1本书，将1秒记住的内容在1分钟内复习60次=**尽可能地在短时间内反**

复复习较多的条目，这就是在正式考试中变强的秘诀。

多次重复“1本1秒”的复习

“正式考试时很紧张，发挥不出真正的实力。”

“每次一到正式考试，状态就不好。”

总会有这样的人，一到正式考试时，就会陷入恐慌，犯很多小错误，导致原本的实力没有被发挥出来。

不过，如果掌握了“1分钟学习法”，又会如何呢？

考试前一天，20本左右的参考书，可以用1本1分钟的方法再复习一遍。

而且，如果坐电车到考场的时间要花120分钟的话，1本1秒复习60本书的话，可以重复120次。

像这样，如果使用“色彩魔法”，可以在1分钟内完成大量的复习，因此就算是在考试之前，也可以大量地、多次反复巩固记忆。

如此一来，你会因此而有自信，心情会从容镇定，即便是正式考试，也一定可以安心面对。

当然，在两场考试中间的15分钟休息时间，可以花5分钟去洗手间，剩下的10分钟，可以大量地反复进行“1秒记忆”。

老实说，这就是无敌了吧？

“不管所罗门说什么，竞争必然是速度取胜。”

（本杰明·迪斯雷利）

如上文所言，“1分钟学习法”可以将速度变为自己的东西，让你变得无敌。

【1分钟学习法的优点④】读200本书的话，就能成为那个领域的专家

如果掌握了“1分钟学习法”，你就可以从现在这个瞬间开始，在想成为某个领域的专家的时候，随时都可以实现。

通常，成为一个专家需要通过在大学和研究生阶段的学习，进行更深层面的研究以及获得更多的知识积累才可以。

确实，获得具体的数据，在实践中运用所学知识并将其化为己有的操作，需要花费很多时间。

但是，**如果单纯从知识层面的角度看，关于某个领域，一般认为只要读完200本以上的相关书籍，并掌握其中的知识的**

话，就可以被称为专家了。

如此一来，只要按照1天20本的速度读书，从知识层面上，10天就可以成为专家。就算慢一些，1天读10本，成为这一领域的专家也只需要20天。

然后，大约再花2个月的时间用来积累“临床经验”，你就可以真的成为这一领域的专家了。

在学校学习是浪费时间吗

特别是在不需要进入大学学习，就可以成为专家的领域，“1分钟学习法”能充分发挥效果。

如果想成为律师的话，与其进入法学部学习，不如严格选出200本左右与司法考试相关的书籍，只复习书中内容反而更快。

不过，如果想成为医生的话，就必须要进入医学部学习。

而且必须学习6年，1年就毕业肯定是不行的。

经常有人“因为想要成为专家，所以去上大学”，但其中浪费时间的例子很多。

去图书馆，读完将近200本那个领域的书籍，很快就能成为那个领域专家。

去学校的话，因为周围都是志同道合的人，自己可能会感到安心。

但是，重要的是有多少知识进入了自己的脑袋，所以相比在大学里学习，在图书馆埋头读书，反而能更加深刻地理解知识。

爱因斯坦和爱迪生都没有在学校学习，而是自学。

如果你也能掌握“1分钟学习法”的话，就可以和天才一样，通过自学，加快速度。

我自己“想成为心理学家荣格的相关专家”，于是去了图书馆，发现和荣格有关的书籍连100本都不到，1天之内我就全部读完了。

其他人在大学学习期间，我在图书馆里埋头1天就获得了等量的知识，这简直就跟在别人徒步的时候，只有我坐上了新干线一样。

读200本书的话，就能成为那个领域的专家

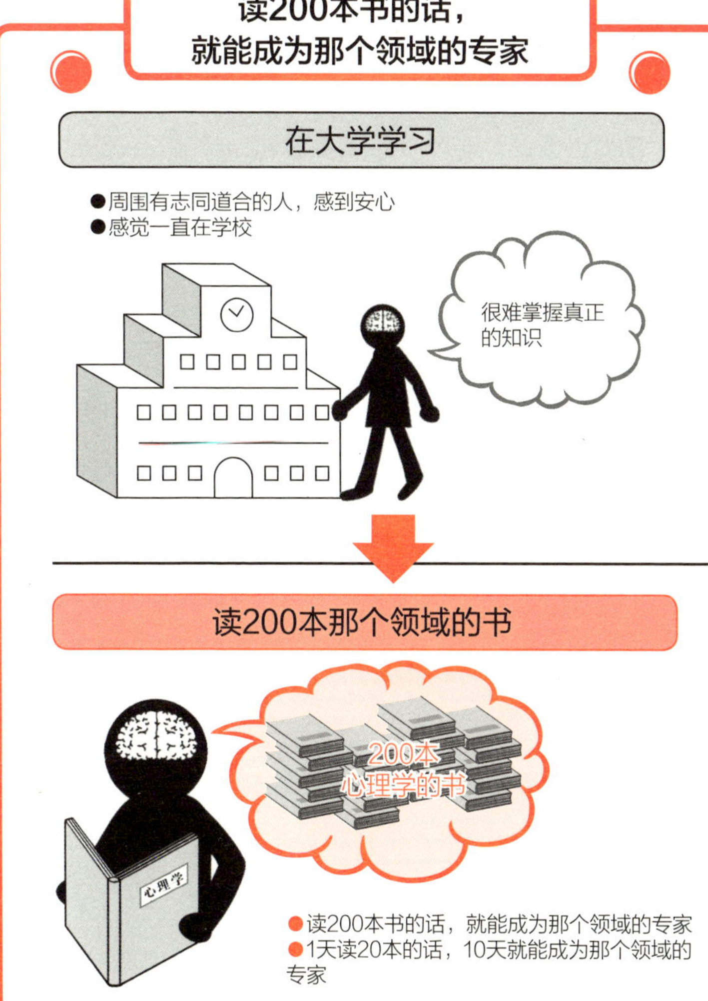

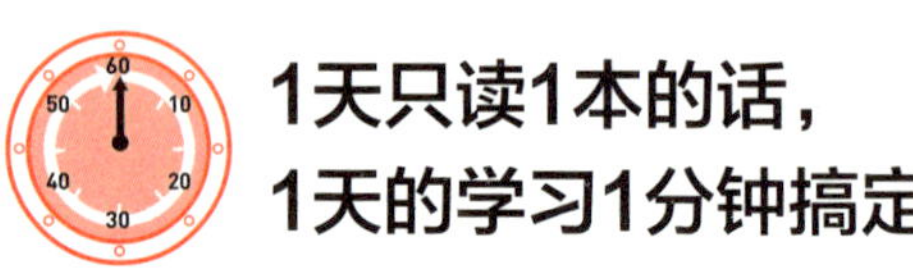

1天只读1本的话，1天的学习1分钟搞定

可能有人会说，“1天的学习要是能1分钟搞定就好了”。

当然，被书名吸引，拿起这本书的你，肯定想1分钟就搞定学习。

既然如此，如果决定“1天只读1本书”的话，使用“时间魔法”，可以在1分钟内搞定学习任务，就算是决定1天只复习60本书，使用“色彩魔法”的话，也可以在1分钟内搞定学习任务。

正因如此，特别忙的人，如果掌握了这个“1分钟学习法”，学习应该会变得很有趣。

如果心里觉得“有了‘1分钟学习法’，我能更努力一些”，并且设定类似“1天学完20本书”这样的目标的话，就可以愉快地继续学习了。

第 2 章

“1分钟学习法”的4个优点

- 对自己头脑最大的投资，是“读书”
- “1本1分钟”，大量读书吧
- “复习只需要1秒”的话，就算重复60次，只需要1分钟就能完成复习
- 因为考前复习多少遍都行，所以可以控制巅峰的到来
- 读200本书的话，就能成为那个领域的专家
- 如果决定“1天只读1本”，那么1天的学习只需1分钟搞定

“1分钟学习法”体验者心声② COLUMN

30本积压没读的书，2天内消化

“‘1分钟学习法’，那是啥呀？”

这便是我的第一印象。按照常识，1分钟完成学习这种事怎么想都是不可能的，但是我怀着“就算1分钟不行，5~10分钟可以的话，也不赖啊”的想法，决定试一下。

实际使用“1分钟学习法”后，我发现这简直是与我目前为止使用过的学习方法，完全不同的其他次元的方法。

“1分钟学习法”不仅是能让学习提速（改善）的方法，我认为完全可以称之为“学习革命”，而且这是一种无论是谁都能简单学会的，令人惊讶的学习法。

多亏了“1分钟学习法”，在房间里积压着的没读的书（30本左右）2天之内就全都消化掉了。我想让更多人体验到这种速度感和便利性。

（植田充彦　33岁　公司职员　东京都）

第3章

“1分钟学习法”的4个特点

【1分钟学习法的特点①】视觉要素特殊化，让速度变快

一般认为，“动脑”就是调动五感（视觉·听觉·嗅觉·触觉·味觉）。

学习的时候，通过视觉进行记忆，其实是先看再记。

听觉是先听再记。

触觉是先摸再记，不过边写边记，或者一边活动一边记忆，也都算。

嗅觉、味觉则不需要。

利用“视觉”进行学习，效率最高

通常认为，最好的记忆方法是用眼睛看，读出声，用耳朵听，用手写。

可是，由于大部分人羞于读出声，所以许多人其实都是通过手写进行记忆的人。

不过，这种学习法存在大问题。

用手写，很费时间。

如果不用手写，而是使视觉要素特殊化，即只用眼睛看，可以大幅缩短记忆时间。

这个世界上速度最快的东西是“光”。光速达到30万千米每秒，1秒钟就可以绕地球7圈半，超级快。

因此，利用视觉要素特殊化，自然也可以提高速度。

“手写学习法”是白白浪费学习时间的万恶之源

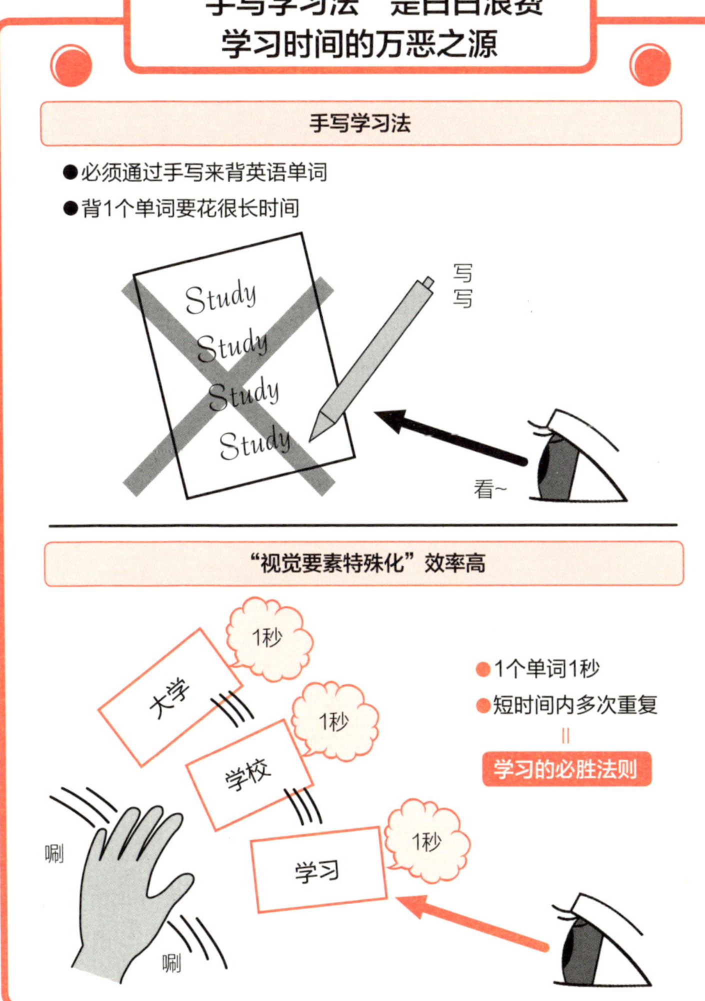

“手写学习法”是白白浪费学习时间的万恶之源

如果是英语单词的话，用眼睛看，1秒钟就能记住1个。

但如果用手反复写的话，背1个单词需要将近10秒钟。

因此，放弃通过手写进行记忆的习惯，学会通过视觉记忆，是提高学习速度的第一步。

“但是，写英语作文的时候，如果不知道如何拼写的话，也是白费。”

可能有人会这样说。

可是，就算是拼写，也可以通过视觉进行记忆。试一下就知道了，比起“手写记忆法”，“视觉记忆法”更累，因为一直在用脑。

此外，因为答题卡式考试越来越常见，放弃手写记忆法，可以大幅缩短时间。

比起手写，专注于看，可以有效节省时间。

“用耳朵听”“读出声”都对记忆有利，但是比起视觉记忆，处理信息的速度处于绝对的劣势。所以如果尚有余力的话，可以考虑学习视觉记忆法。

【1分钟学习法的特点②】可以活用潜意识的庞大数据

人类拥有“3%的显意识”和“97%的潜意识”。

显意识是指平常能意识到的意识。

潜意识是指平常意识不到的意识，拥有庞大的容量。

例如，没有人能通过自己的意识，让心脏跳动或者停止跳动吧？

驱使脏器工作的是潜意识。

在学习中，学会活用这种潜意识是非常重要的。

相信“自己能行”，激发潜力

知识，可以分为以下4个阶段。

【第1阶段】看见的瞬间，无需思考就能懂

【第2阶段】需要花几秒钟思考后才能懂

【第3阶段】感觉见过，但想不起来

【第4阶段】闻所未闻，见所未见

第1阶段“看见的瞬间，条件反射地就能懂”，这是已经被完全理解的知识。（=可以理解为“显意识”）

例如，接下来的几个英语单词。

- Dog
- Cat
- Pen
- Man
- Woman

现在直接在脑中将其转换为日语，需要花时间吗?

应该无需思考就能懂吧。

这就是你已经能完全理解，将这些知识化为血肉的证据。

第2阶段，是从显意识转换到潜意识的过程。

第3阶段，是无法从显意识转换到潜意识的过程。

以最快速度学习的秘诀是，重点针对第2阶段和第3阶段的记忆进行学习。

最终，能够做到无需思考就条件反射地转换。

如果在某种程度上可以进行重点学习，那么可以通过第2阶段和第3阶段获得非常多的知识。

因此，需要集中对这两个阶段进行学习。

只要将"稍微懂一点的东西"变成"很懂"，就可以收获大量知识

也就是说，最快速的学习法为以下3点。

【优先等级A】将第2阶段的状态转变为第1阶段（无需花时间思考就能脱口而出）。

【优先等级B】将第3阶段的状态转变为第2阶段（看过的东西，即便花些时间也能想起来）。

【优先等级C】将第4阶段的状态转变为第3阶段（可以快速理解原本不知道的知识）。

利用“1分钟学习法”，效果特别显著的是【优先等级A和B】这两项。

【优先等级C】的“快速理解原本不知道的知识”，是需要花些时间的。

但是，如果想要将“稍微懂一点的东西”变成“很懂”的话，“1分钟学习法”可以让记忆省时又轻松。

大部分人花费将近1个小时的时间上课，是为了完成【优先等级C】的过程。

可是，让人变聪明的过程其实是【优先等级A】和【优先等级B】。

但这是在课堂上做不到的。

在准备参加高考的人中，有“宅家复读生”这样一类人。

不去补习学校，而是去图书馆或在自己家里学习。

若说这样的人为什么能考上大学，那是因为他们很好地完成了【优先等级A】和【优先等级B】的内容。

有“动摩擦力”和“静摩擦力”这两个概念。

也就是说，用很少的能量，就可以让正在运动的物体，运动得更快。

可是，让静止的物体运动起来，需要很多的能量，是非常困难的事情。

“从稍微懂一点的状态变成很懂的状态”很简单，但是“学习之前完全不懂的知识”要花费很多时间。

将第2~3阶段的知识转化到第1阶段

第1阶段的知识	看见的瞬间，无需思考就能懂	显意识
第2阶段的知识	需要花几秒钟思考后才能懂	进入到潜意识中
第3阶段的知识	感觉见过，但想不起来	
第4阶段的知识	闻所未闻，见所未见	完全没进到脑子里

学习之前完全不懂的知识，要花费很多时间

大部分人想要学习，可是学习之前完全不懂的知识要花费很多时间，便放弃了。

但是，将有模糊记忆的知识变成牢固记住的知识，做到不假思索地说出来，就简单多了。

【D】学习完全不知道的知识的阶段。

【C】理解了却想不起来的状态，即进入到潜意识记忆的阶段。

【B】虽然需要花些时间，但能通过潜意识想起的阶段。

【A】无需思考就能通过潜意识想起来，已经存在于显意识的阶段。

通过这4个阶段，记忆就完成了。

“现在自己正在对哪个阶段进行学习呢？”这种对自己的客观认识，是学习的起点。

大部分人通过上课学到的知识，都直接储存在了潜意识中

（即处于【D】阶段）。

但是，如果我们不使那些内容变为“不假思索就能想起的知识=【C】【B】【A】”的话，就白学了。

利用“1分钟学习法”，可以多次复习，将所学知识从潜意识向显意识转化，简简单单就能做到。

【1分钟学习法的特点③】“1天3分法”更有效率

想要有效率地学习，我推荐“1天3分法”。

在1天之内吃等量的食物，有人选择早上多吃，晚上少吃，有人选择早上不吃，晚上多吃。但是减肥的结果却是大不相同的。

同理，有人早上学习效率高，有人晚上学习效率高。

所以，在认清这一点的基础上进行学习，就可以做到高效利用时间了。

将时间分为早、中、晚3段

“咦？只用1分钟就可以完成学习，已经非常高效了，还需要1天3分法吗？”可能有人会这样想。

是的，做事就要做到极致。

当然，一开始可能看不出什么差别。

但是过了1年、2年，就能看出差别了。

例如，1天1个小时的效率不同，1年就会有365个小时，也就是约15天的差别。

对1天时间的利用，如果一开始就有计划，那么人生将会与众不同。

一日之计在于“晨”

那么，若问什么样的学习适合在早晨进行，那么早晨做费脑的工作是最高效的。

睡眠使你的潜意识活跃，早晨头脑活跃。因此，早晨适合上课学习新知识。

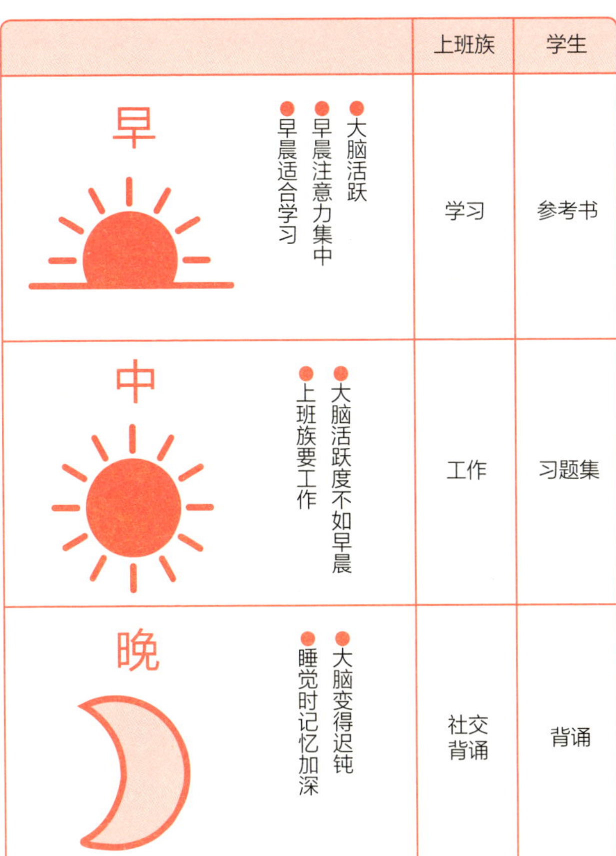

将时间分为早、中、晚3段

		上班族	学生
早	● 大脑活跃 ● 早晨注意力集中 ● 早晨适合学习	学习	参考书
中	● 大脑活跃度不如早晨 ● 上班族要工作	工作	习题集
晚	● 大脑变得迟钝 ● 睡觉时记忆加深	社交 背诵	背诵

这也就是所谓的“一日之计在于晨”。

此外，写文章、做文件也最适合在早晨进行。

写下《月亮和六便士》《人生的枷锁》的著名作家萨默赛特·毛姆，过了下午1点绝不提笔写作。

我向毛姆学习，写文章只在下午1点前进行，之后的时间用来做别的事情。

“睡懒觉是时间的开销。但是如此高额的开销绝无仅有。”（卡内基）

如卡内基所言，上午是大脑活跃度高的宝贵时间，是很适合用来学习的。

如果想要将时间集中起来学习的话，那么全部集中到早晨，是效率最高的。

因此，早起是很有必要的。

而且，早晨很少有朋友打电话，从这个角度看，早晨也是最适合学习的。

白天专注工作

那么，白天要做什么呢？大脑在白天的活跃度虽然不如早晨，但是也不像晚上那样疲惫。

但是，在阅读本书的读者中，大部分人在白天都要工作，所以很难抽出时间用来学习。

由于工作时间被会议和会面填满，很难有时间学习，所以就不要想着学习了，**白天就用来专心工作吧**。专注工作反而是最有效率的。

晚上用来社交或背诵

到了晚上，大脑变得迟钝，上班族可以和朋友去小酌几杯，**从别人那里收集信息，好好利用社交时间。**

如果想要利用晚上的时间进行学习的话，可以尝试背诵。

睡觉时，潜意识会变活跃，可以让1天的记忆变深刻。

在梦中，我们会无意识地回想这一天里做过的事情。

因此，在晚上进行背诵是最有效果的。

在晚上，思考能力比起早晨有所衰退。

但是如果只是背诵的话，还是可以的。

例如，正在学英语的话，就可以用晚上的时间来背单词。

如果是每天都在学习的备考生的话，那么，早晨看参考书、白天做习题集、晚上背诵，这样的3分法是最有效率的。

【1分钟学习法的特点④】“刺拳KO法”，反复利用零碎时间

传奇拳击手穆罕默德·阿里曾说：

“不去打倒，而是命中。然后你就赢了。”

学习也一样。

大部分人希望能一下就学会，一口气全记住。

但是，**“动作太大”反而会导致徒劳无功。**

“一记直拳打不倒，用十记刺拳击中。”

这样便可以加深记忆。总之，反复复习同样的内容就对了。

就算花时间慢慢看，也还是记不住

昨天，你可能看了1个小时的电视剧。可是，看过的内容，你全都记住了吗？大部分内容应该都不记得了吧。

不过，15秒的电视广告全都记住了吧？

那是因为你反复看过，就记住了。

与之同理，与其花60分钟去一口气记很多东西，不如同样花60分钟，把用15秒记住的内容反复看240次，使记忆变得牢固。

也就是说，不求打倒，只求命中。

不要一口气记很多，而要利用零碎时间。“多次反复看”，这一点对于人的记忆很重要。

特别是根据“艾宾浩斯遗忘曲线”，每隔20分钟左右就重复一次，效果是最好的。

临时抱佛脚式的记忆很快就会忘记，就是因为没有反复复习。

如果将突击背诵的内容，在短时间内反复看100遍的话，现在能记住多少呢？

不要1次慢慢看，而要将短小的内容反复看

大部分人希望“一记右直拳”就能解决问题。

临时抱佛脚的人，就是这样想的吧？

但我们不应该这样，而是要用“小刺拳”反复命中目标。

我们要利用每分每秒去多次反复复习。

这就是“刺拳KO法”。

右直拳徒劳无功，还会消耗体力。

如果突击学习的内容考试中没出现的话，当时就傻了吧。

但如果有目标地打出刺拳的话，也可以保存体力。

总之，**将每天孜孜不倦地学习，当成理所当然的事情。**

对，不要一口气花60分钟进行背诵，将1分钟的背诵时间分为60份会更有效。

艾宾浩斯遗忘曲线

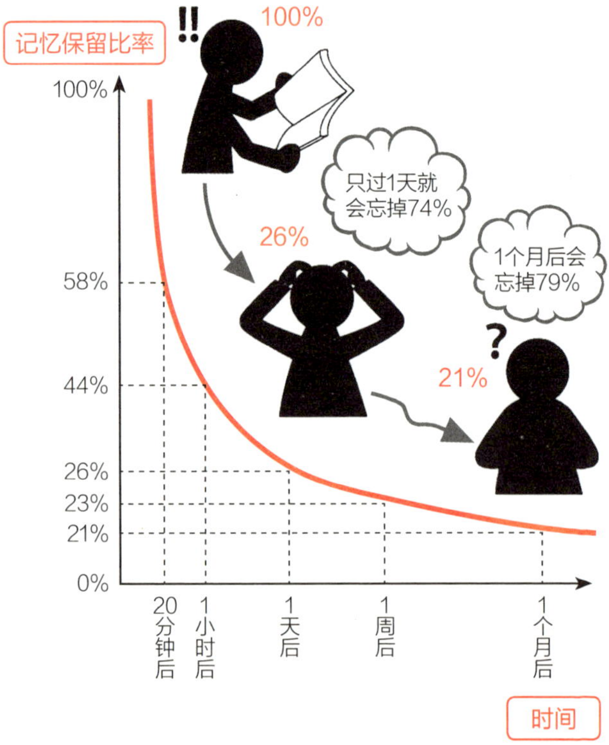

记忆在1天之内会快速流逝，
再之后记忆的流逝会变得缓慢

例如，背英语单词。

【A】1个单词花1分钟慢慢背诵，1个小时能记住60个单词。

【B】1个单词花1秒钟看一眼，1分钟能看60个单词。在1个小时内反复这样做60次。

对比2种方法，通过【B】方法进行的记忆明显更加牢固。正是这种感觉，证明了“1分钟学习法”的重要性。

第3章

“1分钟学习法”的4个特点

总结

- 利用“视觉”进行学习，效率最高
- “手写学习法”是白白浪费学习时间的万恶之源
- 只要将“稍微懂一点的东西”变成“很懂”，就可以收获大量知识
- 在早晨专注学习，效率高
- × 不行→1个单词花1分钟慢慢背诵，1个小时记60个单词
- ○可以→1个单词花1秒钟看一眼，1分钟能看60个单词。在1个小时内反复这样做60次

“1分钟学习法”体验者心声③ COLUMN

速度提升，记忆力提升

我曾是一个极其平庸的个体户……

平庸到什么程度呢，我赚的钱勉强够维持和妻子2个人的生活。

俗话说“功到自然成”，但是过了5年，我的生意也丝毫没有向好的迹象，每天都很焦躁。

在这样的状态中，我觉得不能一直这样下去，于是决定开始通过看书和参加研讨班，对自己进行投资。

但因为已经浑浑噩噩地过了5年了（苦笑），跟普通人一样学习，恐怕很难成功，就在这时，我遇到了“1分钟学习法”。

我从不相信命运，但当我心想这种方法有可能会让我成功，并付诸实行后，确实通过能缩短学习时间的“时间魔法”提高了效率，还通过“色彩魔法纸”将看过的内容迅速整理，印刻在脑袋里。

我本不是宿命论者，但我觉得能和“1分钟学习法”相遇，就是命运使然。非常感谢这次命中注定的相遇。

（须永洋史　34岁　个体户　埼玉县）

第4章

让“1本1分钟”变为可能的能力是什么

“1本1分钟”是不用速读的

想要1分钟就能完成学习，前提是花1分钟就能读完1本书。

“1分钟读1本书？不可能！”

“骗人！绝对是骗人！”

这些话我都听烦了。

我想让大家不要再这样质疑了，却总能听到这样的声音。

1分钟能读完1本书，不是骗人，是真的。

实际上，我就可以1分钟读完1本书。

日本经济新闻的话，我30秒内就能全读完。

与“速读”完全不同的方法

“嗯，肯定又是什么其他速读法的山寨版。”

“最后肯定需要掌握什么速读法之类的。”

不是。我说可以1分钟读完1本书，但从没说过这是“速读”。

“‘1分钟导读法’是指花1分钟读完1本书吧？那不就是速读法吗？”

大部分人一开始是这样理解的。

快速读书=速读法，已经成为了固有观念。

于是，“这个学习法与速读法有什么区别”这个问题，也让我不胜其烦。

但其实，“1分钟学习法”的技巧是“1分钟导读法”，本就与速读法完全不同。

1分钟读完1本书。但是完全不用“速读”的方法。

因此，不会过度用眼。

也不需要剧烈的眼球运动。

不用速读，1分钟也能读完1本书。

“1分钟读完1本书，却不用速读？无法理解。”

“我已经混乱了。不用速读，却可以快速阅读？”

没错，就是这样。你觉得混乱，说明已经有进步了。

接下来，我把无需速读就能1分钟读完1本书的秘诀教给大家吧！

为了快速读书，就不能去读书

大部分人认为，为了快速读书，一定要掌握“速读法”。

“那是当然。想要快速读书，肯定要学速读呀。”

他们通常都会这样想。

但是，就算是速读达人，以最快的速度读书，读完1本书也需要花费5~10分钟的时间吧？

也就是说，只是想要读书，1分钟读完1本书几乎是不可能的。

不读书，把书“读完”

我自己也懂一点速读法，用速读法可以花10分钟读完1本书。

身边的人对我说：“10分钟就能读完1本书，太厉害了。你是速读达人呀。”

可是换个角度看，我无论如何也无法在10分钟内读完1本书。

于是，在烦恼之中，我请教了一个人。

“我无论如何也没办法突破10分钟才能读完1本书的瓶颈。我是哪里出了问题呢？”

那个人给出了这样的回答。

“刚刚你已经自己给出了答案。你刚才说‘1本书要读10分钟的瓶颈’，这不是已经把问题说出来了吗？你自己认为被这个‘瓶颈’困住了，说明你认为‘存在瓶颈’。但其实，‘瓶颈’什么的，本来是不存在的啊。‘幻想有瓶颈存在’的

正是你本人啊，石井。”

我听到这个回答，恍然大悟——设限的正是我自己。

也就是说，将目标设定为1分钟读完1本书就行了。仅此而已。

因此，**丢掉“读书”这个概念，从零开始，自己编写一套与众不同的方法。**

为了快速读书，就不能去读书。

不读书，把书“读完”。

如果能做到这些的话，1分钟读完1本书的方法就完成了。

由此诞生的是“1分钟导读法”。

“不读书就能把书读完？无法理解。”

“不用速读法却可以速读？这种事情有可能发生吗？”

你们的疑问，我都知道了。

终于到了将精髓传授给你们的时候了。

3

不是Reading（阅读），是Leading（引导）

“1分钟导读法”，这个词反复出现，从现有的概念推测，可能会被当成速读法。

但其实，拼写是不同的。

不是Reading，而是Leading。

Reading的意思是“阅读”，也就是读书，对吧？

我将它换成了Leading。

Leading的意思是“引导、指导、领导”。

于是，我将“1分钟学习法”的技巧命名为“1分钟导读法（One Minute Leading）”。

即“引导你1分钟理解全书内容的技巧”。

那么，让人迅速理解全书内容的“Leading（引导）”，究竟是一种怎样的技能呢？

准备好了吗？我来教你喽。

“感知能力”是所有人都具备的能力

这个技巧是指，运用人类天生具备的瞬间感知能力（懂得察言观色，看得懂当时状况，凭直觉判断对方的状态等等）。

这与所谓的“阅读”，也就是Reading，毫无关系。

利用“瞬间感知能力”，对书的每一页进行导读，你觉得会有怎样的效果呢？

没错。只需一瞬，就能从一页书里获取到信息。

这个方法，**其实是将类似于“那个人擅长读心”或者“守门员成功预测射门路径”这种能力，在读书中进行活用。**

“太扯了。你说的这些，只有少数具备这种能力的人才能做到。”

“普通人肯定不行。因为天生就不具备这种能力。”

有人会这样想，很正常。

不过，导读实际上是你在无意识的过程中进行的。

当推销员来到家里时，无论是谁都可以凭借直觉分辨出“这个人是好人还是坏人”。

就算不与对方交流，从某种程度上，我们也可以进行判断，对吧？

面对初次见面的男性，女性可以瞬间知道，这人对于自己来说是满意的，还是不满意的。

我将其称为“是否交往的界限”。超过这条线的男性，有可能与这位女性发展成为恋爱关系，但如果没有达到这条线的话，发展成为恋爱关系的可能性无限接近于零。

见到一个人时，不用交谈，在某种程度上，无论是谁都能凭借直觉感知到“好像能和这个人成为朋友”，或者“好像无法和这个人成为朋友”。

这正是**本书中提到的“导读（感知）的技巧”。**

看见脸色不好的人，觉得对方可能身体不好，这就属于感知。

在新宿看见身着洁白衬衫的男性，觉得可能是服务生吧，这也是感知。

像这种不用说一句话，就能瞬间分辨的能力，就是本书中提到的“导读的技巧”。

人类具有
瞬间感知能力
推销员
啊，好像是个好人……
○○○要不要尝试一下？
初次见面的男性
啊，我觉得这个男人还不错
很高兴认识你！我叫○○○○
身体不好的人
啊，这人好像身体不好呀
哎呦~~……

对书使用“感知能力”

所有人都具备“感知能力”。

我们将书的每一页作为对象，进行感知。

如同见面的瞬间，就知道“这个异性是不是我喜欢的类型”一样，我们可以运用这种能力，**感知到“这页内容有没有我需要的信息”**。

如此一来，“瞬间”就能看完一页书吧？

读书不需要每个字都看。而是以书为对象，进行导读。

这样做，打开书，左右相对的2页内容，通过导读1秒钟就可以看完了。

“真正可贵的因素是直觉。”（阿尔伯特·爱因斯坦）

如上文所言，**花1秒钟浏览2页内容的瞬间，通过直觉感知**

到的信息，才是最有价值的信息。

从花费很多时间的方法，转变到瞬间就能完成的方法。

至此，你也可以唤醒“时间魔法”了。

第4章

让“1本1分钟”变为可能的能力是什么

总结

- 完全不用1本1分钟的“速读”方法
- 仅仅是想要读书，就无法做到1本1分钟
- “感知能力”是所有人都具备的能力
- 利用瞬间感知这种人类天生具备的能力
- 花1秒钟浏览左右相对的2页内容的瞬间，通过直觉感知到的信息，才是最重要的

“1分钟学习法”体验者心声④ COLUMN

总爱三天打鱼两天晒网的我都学会了！

以每天读1本书为目标，埋头苦读，然后自夸“1个月读了30本书，多厉害”。看报纸喜欢花时间从头看到尾，并且对这种阅读方式很满意。

不过有一次，听说有畅销书作家1年读了1000本书，我惊呆了。能一下子读完这么多书，太令人羡慕了，但究竟是怎么做到的呢？

我是个没长性的人，做什么事情总爱三天打鱼两天晒网。只要感觉厌烦了，就不会继续做下去了。就连我这样的人，也通过“1分钟学习法”顺利做到了，简单到让人无法相信。

之前为什么谁都没注意到呢？比泡杯面还快的“1分钟学习法”。这就是“时间魔法”！

通过“色彩魔法纸”，记忆力也奇迹般地提升了。

原本一直没通过的香熏治疗考试，也因为掌握了“1分钟学习法”而顺利通过了。

想要了解的知识可以很快掌握，也可以到图书馆进行集中阅读。“1分钟学习法”可以在心血来潮时，随时派上用场。

随着年龄的增长，总是感到各方面在衰退，现在却觉得开启了崭新的人生。

（高妻妙美　50多岁　主妇　茨城县）

第 5 章

1本书1分钟就能学完的“时间魔法”

【第1阶段】
10分钟导读法

1分钟读完1本书，给人的感觉是将原本“读完1本书需要的60分钟”，缩短到了“1分钟”。

即将时间缩短为原来的1/60。

这是本书中提到的“时间魔法”。

让人感觉1分钟变成了60分钟。

掌握“时间魔法”，就能做到这一点。

3个阶段掌握“1分钟学习法”

实际上，通过以下3阶段的训练，就能掌握“时间魔法”。

①10分钟导读法（在10分钟内进行导读）

②5分钟导读法（在5分钟内进行导读）

③1分钟导读法（在1分钟内进行导读）

通过这3阶段的训练，唤醒“时间魔法”，轻松做到1分钟读完1本书。

接下来，是时候传授“时间魔法”的秘诀了。

【第1阶段】掌握“10分钟导读法”

首先，是10分钟的导读。

“咦？不是1本书只用1分钟吗？怎么要花10分钟呢？”

肯定有人这样想。

但这正是为了唤醒“时间魔法”的第一步训练。

我能理解大家想要一下子就能1分钟读完1本书的心情，但请先不要着急。

最后一定能学会“1分钟导读法”的，各位请放心。

请将这一步当作唤醒“时间魔法”的必要阶段。

具体做法是，将书翻开，通过导读的方式，在3秒内读完右侧那一页的内容，然后在3秒内读完左侧那一页的内容。

在这一步，重要的是，**首先要丢掉“读书”这个概念。**

正所谓重要的是，**“不要用眼睛去看文字”**。

如果在心里读出声的话，就很费时间。

因为是“Leading（引导）”，而不是“Reading（阅读）”，所以从一页书中感知到的内容才是最重要的。

不要试图去阅读文字

我明白有的人看书必须要在心里读出声，但是请先忍一忍，至少忍耐3秒钟。

在这个过程中，最重要的是“**不去理解文字内容**”。

将感知到的内容“特殊化”是要点。

就算眼睛看到了文字，也完全别在意。

不要去试图理解书上所写的内容，只需要单纯凭直觉去感知。

只需要感知，别的什么都不要考虑。

硬是要问的话，只需要通过导读获取这些信息。

- “这页的内容重要吗？还是不重要？”
- “对自己有用吗？还是没用？”

初次见到某人时，我们只看对方的脸，**就能在什么也不想的情况下，对这个人有一个初步印象。**

“这个人浓眉大眼，嘴巴前突，头上有自来卷，还有……”像这样，我们无意识地获取了这些信息。

这就是所谓的“仅仅通过感知形成的对对方的初步印象”。

至此，我提到的导读，类似于**初次见到某人时，产生的“咦?”“哦……”“哎哟”等情感波动。**

你对这一页上的内容，有没有产生“咦?”“哦……”“哎哟”这样的情感呢?

以此为标准进行判断，或许比较容易理解。

一边心里数着“1……2……3……”，一边对右侧那一页进行导读。然后再一边心里数着“1……2……3……”，一边对左侧那一页进行导读。

然后当面对左侧那一页数到3时，**用左手翻页**。

这样，就可以进入6秒钟导读2页内容的熟练状态了。

一共200页的书，将左右展开的两页内容算作一页的话，只有100页，换算一下，600秒就能看完1本书。

600秒是10分钟。

这就是“10分钟导读法”。

感知对那一页的内容“是否有感觉？”

“你只说‘到6秒钟就翻页’，到底要做什么，我还是不明白。这样做的要领是什么呢？”

可能有很多人有这种感觉。

但是，由于这种方法并不是所谓的读书，所以在导读的过程中，感觉是很重要的。或许与“这样做的要领”稍有差异，我接下来要讲的是，什么样的感觉才是接近“感知”的感觉。

例如：

“朋友结婚了。请告诉我，我应该有怎样的感觉。”

“我领到了60万日元的奖金。请告诉我，我应该有怎样的感觉。”

……

这样的问题，我无法回答。

“有怎样的感觉？”，这是因人而异的。

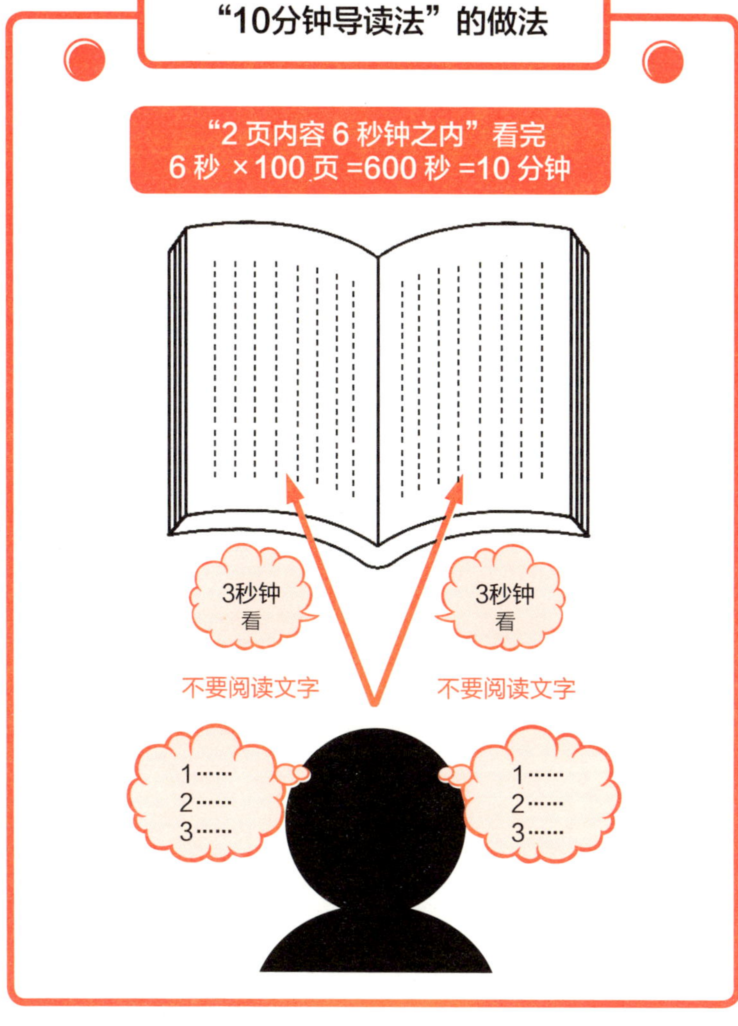
“10分钟导读法”的做法
“2 页内容 6 秒钟之内”看完
6 秒 ×100 页 =600 秒 =10 分钟
3秒钟看
3秒钟看
不要阅读文字
不要阅读文字
1……
2……
3……
1……
2……
3……

另外，还有人问："导读是将每页的内容背下来吗？"导读并非背诵。

"只是感知"而已。

"我对这页内容很感兴趣啊""这页内容很吸引我啊"，要的就是这样的感觉。

这并非记忆术，也不是背诵法，**"只需要感知书中每页的内容，并翻页"**，重复这项工作即可。

对，**"不用读书，翻页即可"**。

在这个过程中，不断感知**"你感觉到了什么"**。

那么，这种方法不能用来背诵吗？倒也不是。

关于这点，我将在第6章"色彩魔法"的部分进行说明。

【第2阶段】5分钟导读法

接下来，进入第2阶段，我们要掌握“5分钟导读法”。

使用的书，必须和学习“10分钟导读法”时是同一本书。

这回，浏览右侧那一页时数“1……”，浏览左侧那一页时数“2……”，翻页的时候在心里数“3……”。

- 在1秒内对右侧那一页进行导读
- 在1秒内对左侧那一页进行导读
- 花1秒钟翻页

这样，左右打开的2页内容，3秒内就可以看完了。

200页的书，将左右展开的两页内容算作一页，就是100页，300秒就能看完。

300秒是5分钟，“5分钟导读法”完成了。

不用逐字阅读

在这个阶段，很多人一边怀着疑问，一边进行导读。

“我究竟有没有掌握啊？”

很多人这样问。

确实，没法逐字阅读。

内容也没法去理解。

没法正确理解书上写了什么。

于是不禁心想：“我究竟在干什么呢？这种训练有意义吗？”

但是，这种感觉才是最重要的。

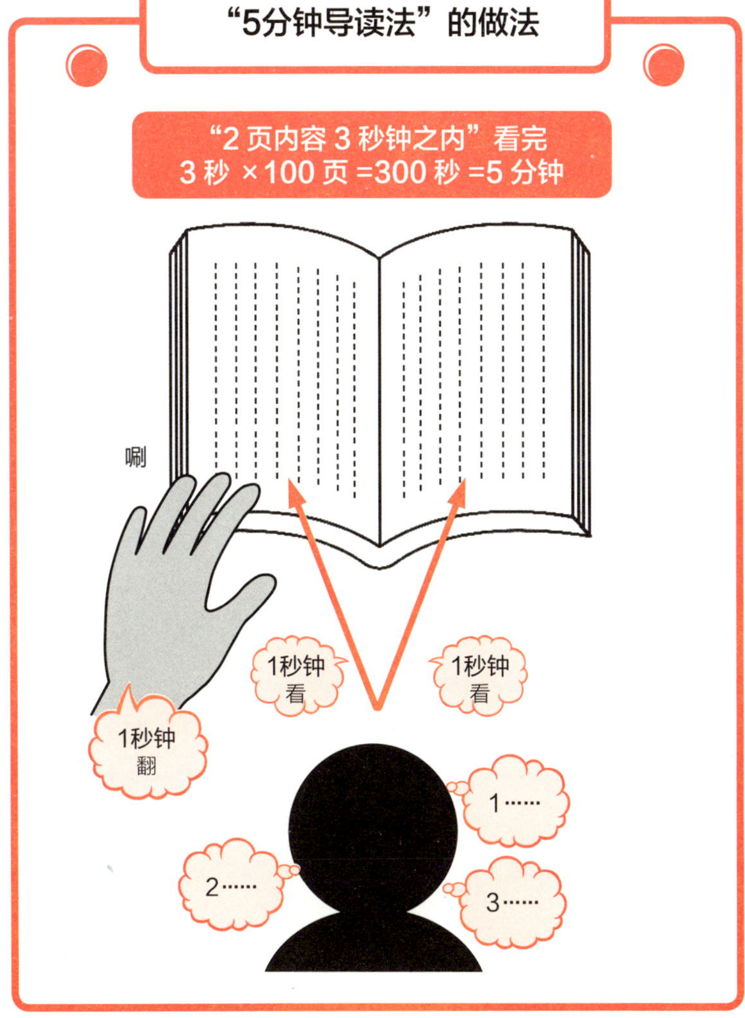
“5分钟导读法”的做法
“2页内容3秒钟之内”看完
3秒×100页=300秒=5分钟
唰
1秒钟
看
1秒钟
看
1秒钟
翻
1……
2……
3……

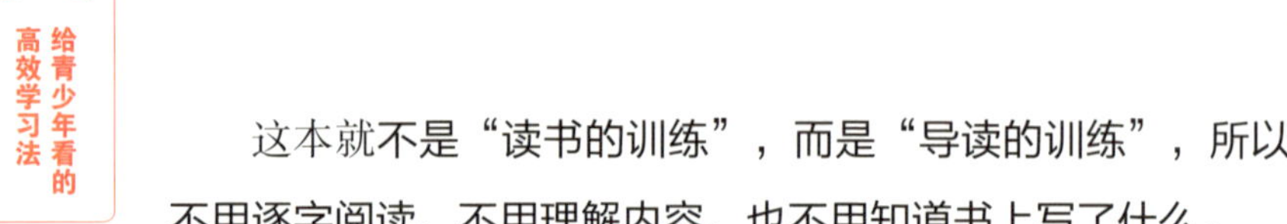

这本就不是“读书的训练”，而是“导读的训练”，所以不用逐字阅读，不用理解内容，也不用知道书上写了什么。

你可能会想：“什么？那不就没意义了？”

可是这样就足够了，在这个阶段。

只需要翻页。不用理解意思，单纯这样做就可以了。

而这正是“做到了”的证据。

利用焦躁的力量

如果是“10分钟导读法”的话，用3秒钟的时间看1页，总会有想去理解文字含义的时候。

但是，如果是“5分钟导读法”的话，就没时间去理解文字的含义了。

这正是目的所在，这样就成功做到“不用逐字阅读，不用理解内容”了。

首先，要丢掉“读书这个概念”。

因为这是“Leading”的技巧，而不是“Reading”的技巧。

这是为了能找到那种感觉而进行的训练。

因此，**单纯在翻页，仅此而已**，是正确的感觉。

然而，我们要找到的感觉并非是“好，现在开始导读！”这种振奋感，“在不断翻页的过程中，有可能什么时候就学会如何导读了。我好像在无意识的状态下感觉到了什么”……

这种感觉是非常重要的。

不要将“读书当作学习知识的行为”，而要将其当作“单纯在翻页”。如果找到了这种感觉的话，实际上就成功了。

3

【第3阶段】1分钟导读法

接下来，使用的书要和学习“5分钟导读法”时是同一本书。

这次要特别训练翻页，其他的都不用管。

我们要将“5分钟导读法”中，看右侧页需要的1秒钟与看左侧页需要的1秒钟省略掉。

看200页的书，假设“花1秒钟将打开的左右2页翻过去”的话，花100秒就可以完成导读了。

即1分40秒。

但是，这样的话就超过1分钟了，对吧？

因此，需要将翻页的速度缩短到“0.5秒”。

如此一来，时间减半，50秒可以完成导读。

这样做，1分钟内就能读完1本书了。

最终阶段“1分钟导读法”完成了。

“在0.5秒内只通过翻页进行感知”的“终极秘诀”

这样做就行了，仅此而已。

这样说可能有些过于简略了。

但是，只要不断重复这样做，就可以掌握“1分钟导读法”了。

“什么？只是翻页！？这算什么秘诀啊！”

可能有人会这样想。

其实，**“在0.5秒内翻页”这一点，正是1分钟导读法的“终极秘诀”。**

“1分钟导读法”的做法

“2 页内容 0.5 秒钟之内”看完
0.5 秒 ×100 页 =50 秒 = 约 1 分钟

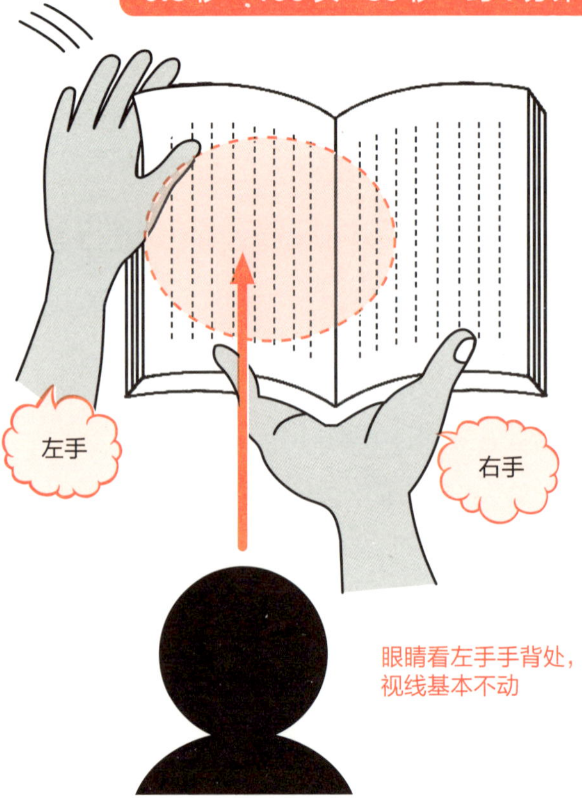

左手

右手

眼睛看左手手背处，
视线基本不动

为了提高导读速度，“翻页的速度快不快”是关键。

看200页的书需要1分40秒的人，和需要50秒的人相比，速度有2倍的差异。

时速为100千米的特急电车与时速为200千米的新干线，看起来“都很快”，但其实速度有2倍的差异。

所有人都一样，拥有“瞬间”感知的能力，因此翻页快的人，更容易唤醒“时间魔法”。

“翻页方法”是有重要技巧的

通过“1分钟导读法”，从每页书上“感知到了什么？”是因人而异的。

但是“翻页方法”是有重要技巧的。

那就是要“**用右手拿书，用左手翻页**”。

“大脑”对“身体”的控制是左右相反的，所以“右脑控制左半身”，“左脑控制右半身”。

因此，用左手而不用右手翻书，有利于“促进右脑活跃”，也可以更好地完成导读。

翻页要用“左手食指”。

可能有人觉得“怎么拿书，随便啊，我只想知道怎么导读”，但其实，**用正确的方法拿书，读1本书可以节省10秒以上的时间。**

这也是一种“时间魔法”。

懂不懂正确的方法，会造成巨大的差异。

花同样的时间，通常能读6本书，但如果懂得正确的拿书方法的话，可以读完7本书，节省了时间。

像这样，在许多地方唤醒小小的“时间魔法”，不断节省时间，是很重要的。

“折书角”标记重要的地方

想要进一步提速，还可以唤醒这种“时间魔法”。

“我感觉这页书上有重要的内容”，花0.5秒翻过1页时，肯定会对某页感到在意。

这时，“在那页的上端折出一个三角”就行了。

之后，只看那页内容就可以了。

※之后会讲到“色彩魔法”，在那个部分，会教大家如何将折页的内容集中到“1张纸”上，还有如何1秒钟复习1本书。

例如，用“1分钟导读法”看英语习题集时，只需要把

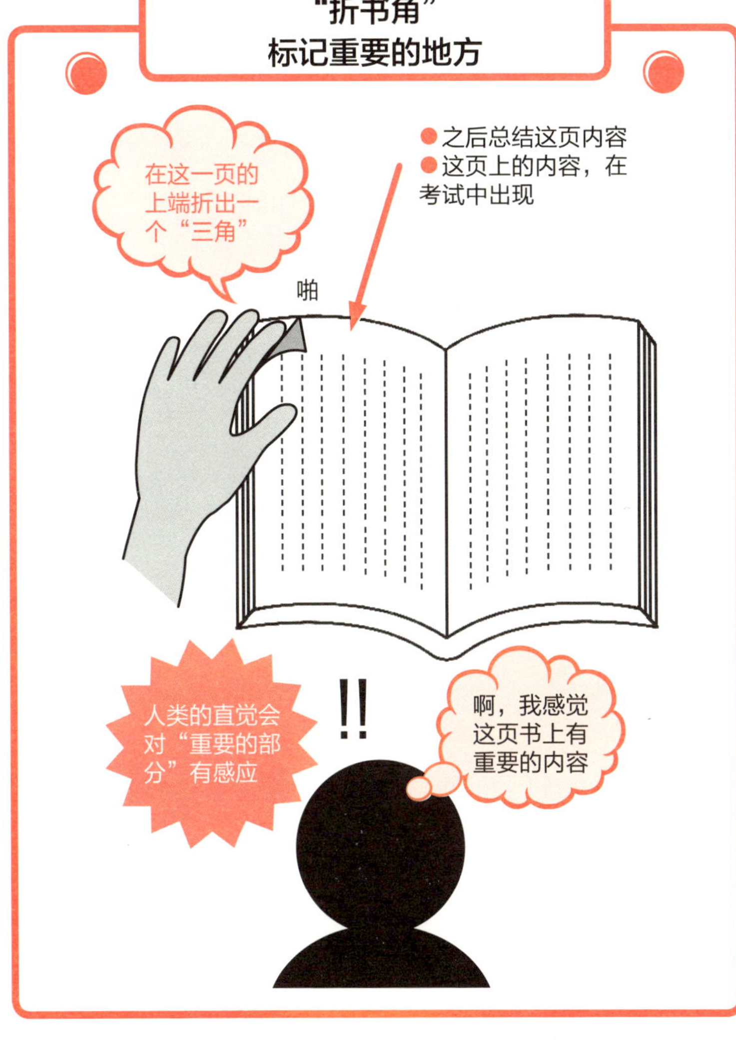
“折书角”
标记重要的地方
在这一页的上端折出一个“三角”
啪
●之后总结这页内容
●这页上的内容，在考试中出现
人类的直觉会对“重要的部分”有感应
!!
啊，我感觉这页书上有重要的内容

“有感觉的那页”折起来。

然后你会发现，“那页上的内容，在考试中出现了”。

这正是通过导读，直觉得到锻炼的证据。

人类的直觉会对“重要的部分”有感应。

既然是“重要的部分”，出试卷的人肯定也会对此有感应，所以这部分内容出现在试卷中的可能性很大。

当然了，正因为是“重要的部分”，所以记住这些内容，它们是对人生有益的知识。

实际尝试“1分钟导读法”吧

接下来，我通过图来给大家进行简单易懂的说明。

首先，像左图一样，用右手拿书。将左手食指的指腹，放在书的左上角。然后，从左向右翻页，重复这个动作，直到最后一页。

文字为横向的书籍也是一样，虽然翻书的方向与刚刚讲过的相反，但是也请“用右手拿书，用左手翻页”。

“1分钟导读法”的做法

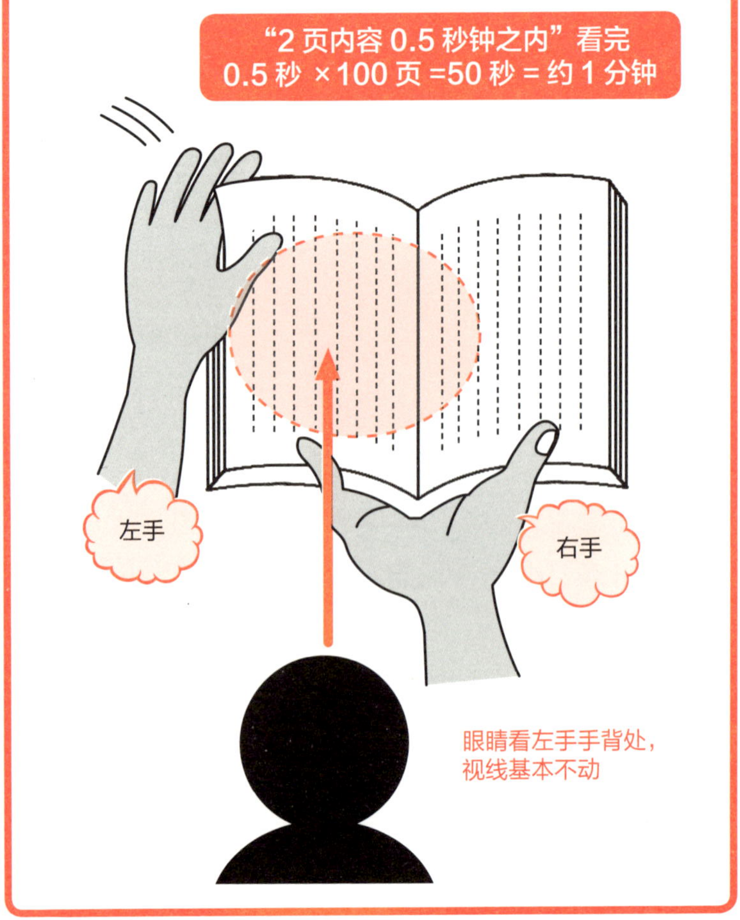

“2 页内容 0.5 秒钟之内”看完
0.5 秒 ×100 页 =50 秒 = 约 1 分钟

左手

右手

眼睛看左手手背处，
视线基本不动

看左手手背周围的所有内容，“视线”基本不动

翻页时，应该看哪里呢？眼睛要看左手手背周围的所有内容，视线基本不动。

如此一来，就可以利用“周边视野”，导读这页书中的所有内容了。

可能有人没太听过“周边视野”这个词，我来解释一下。

首先，请看第138页上的图。

在书前面，伸出自己的食指。

请你一定要这样做。

只看你自己的手，绝对不要看书。

怎么样？

做到了吗？

肯定谁都做不到吧。

因为即使集中精力盯着一处看，周围的东西还是会进入视线。这就是所谓的“周边视野”。

视线
要看“左手手背处”

利用“周边视野”，导读这页书中的所有内容

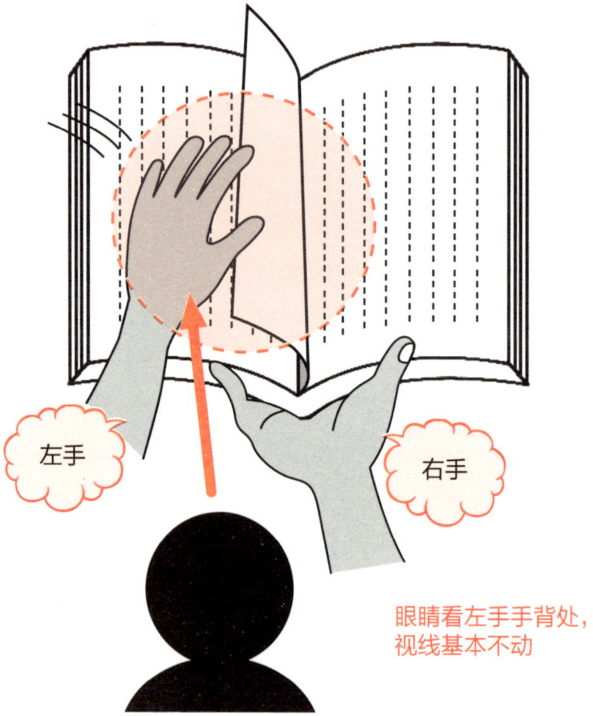

●就算只看左手手背处，
利用“周边视野”可以看到所有内容

也就是说，想要看到这页上的所有内容，无需让所有内容进入视野，只看左手手背周围的所有内容就行了。

如此一来，因为“周边视野”发挥了作用，毫不费力地就完成了对所有内容的导读。

不要想着去看整页内容

如果要将一整页的内容全都看一遍的话，大部分人会逐字逐句读。

若说为什么，原因是大部分人无法抛弃“从前的读书法”。

读书时总会想着“书是用来读的”。

于是，会不自觉地在心中读出声，翻页也慢了下来。

因此，**如果只看左手手背周围的所有内容的话，无需逐字阅读，就完成对那页书上所有内容的导读了。**

你知道专业的一流棒球击球手，在投手投球的瞬间，在看哪里吗?

如果你以为击球手在看“球”的话，那就大错特错了。

事实上，一流的击球手会看“投手的手肘部分”。

利用“周边视野”自然能看到周围的所有内容

● 只盯着食指看，自然能看见周围

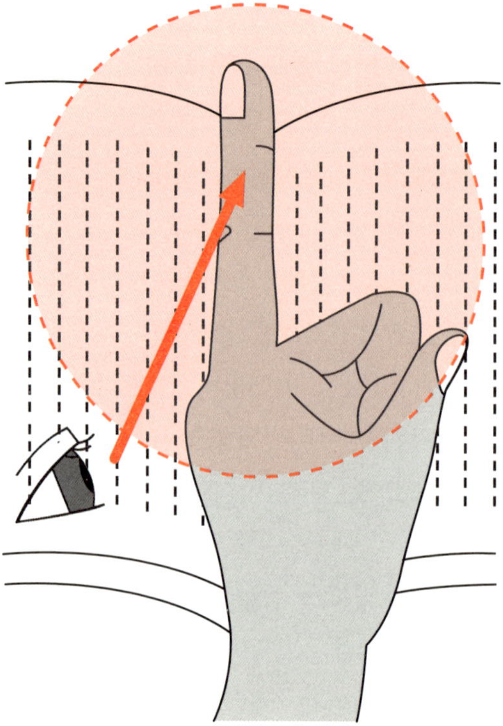

利用“周边视野”可以预测出球的运动轨迹。

可能有人会怀疑“不看文字可以吗”，但其实不用去管文字内容。

一流的击球手不看“球”，而要看“手肘”，最后才能击中球。

读书也是同理。

“就算你这么说，我还是会不自觉地去读文字。”可能也有这样的人。

但我们做的不是“速度训练”，而是“感知训练”。

“Don’t think，feel！（不要思考，要去感受！）”（李小龙）

如上文所言，导读就是这种感觉。

看书，不要试图去理解，要去感受。

2天学会“1分钟导读法”的最快掌握法

那么，进行什么样的训练，才能在2天这么短的时间里掌握导读法呢？

其实非常简单。

①首先，进行“10分钟导读法”

②用同一本书进行“5分钟导读法”

③用同一本书进行“1分钟导读法”

这样练习就可以了。

1本书大概只需要10分钟+5分钟+1分钟，一共16分钟就读完了。

然后，休息4分钟左右。

导读16分钟+休息4分钟=20分钟。

下一本书，重复这20分钟的训练。

因为在60分钟内连续读3本书会感到疲劳，这时就需要休息30分钟。3本书，60分钟+休息30分钟=90分钟。

以90分钟3本书为一组，进行3组训练。

训练中使用的9本书，当然，必须是不同的书。

总计需要4个半小时。

第1天的工作就只有这些。

2天学会“1分钟导读法”的最快掌握法

90分钟 3本书1组	10分钟“10分钟导读法”	1本书 （20分钟）	第1天/4小时 30分钟
	5分钟“5分钟导读法”		
	1分钟“1分钟导读法”		
	4分钟 休息		
	//	1本书 （20分钟）	
	//	1本书 （20分钟）	
	30分钟的休息		
90分钟 3本书1组	//		
90分钟 3本书1组	//		
90分钟 3本书1组	//		第2天
只用“1分钟导读法”读完20~50本书			

感觉“10分钟导读法”很慢

通过这样的反复训练，你会感到“10分钟导读法”变得非常“慢”。

在熟练掌握“1分钟导读法”后，你会感觉“5分钟导读法”很慢。

最终，翻页也熟练了，就会感觉“1分钟导读法”也有些慢了。

这就是唤醒“时间魔法”的感觉。

“难道不去整理书中内容吗？”可能有人会有这样的疑问，但其实只要在有需要的时候，“将书角折起来”就可以了。对于导读，还有其他的训练。

然后，在第二天上午，为了找感觉，要做一次“90分钟1组”的训练。

到了下午，要一口气拿20~50本书进行“1分钟导读法”的训练。

通过这样的训练，就能真正做到1分钟读完1本书了。

最终，你可以轻松做到“感知书中重要的内容”，也可以迅速“将重要的书页折起来”。

这项训练真的非常简单，利用周末两天时间就能完成。

感觉时间变短，唤醒“时间魔法”

“只用2天时间就能做到1分钟读完1本书，太不可思议了！”

“到底是怎么做到的呀？你把原理说明一下！”

有很多人会这样想。

接下来，我就对此进行说明。

- 和喜欢的人在一起，1分钟转瞬即逝
- 和讨厌的人在一起，1分钟也度日如年

这便是时间相对感觉。

也就是**快乐转瞬即逝，痛苦永刻于心**。

实际上，“只看左手手背的训练”会令人感到很痛苦。

那是因为**被要求在看书的时候不可以阅读文字**。

这种矛盾的感觉，会让你觉得1分钟变得很漫长。

看喜欢的电视节目时，你会觉得1分钟很快就过去了。

但是，如果这样要求你，你会觉得如何呢？

看1个小时的电视，但是绝对不可以看电视节目的内容。放出声音，但是绝对不可以听演员的台词……

你肯定会感到非常痛苦，并且觉得1个小时过得十分漫长。

对时间的感觉可长可短

①10分钟导读法

②5分钟导读法

③1分钟导读法

为什么要重复这3个阶段呢？因为这样就可以感受到“**痛苦的3个阶段的不同程度**”。

10分钟读完和5分钟读完的区别就是，你会感觉10分钟很慢，并感到焦躁。

那是因为你想要再快些翻页，而且感觉自己怎么这么慢！

你已经知道了“1分钟导读法”有多快，自然会有这种感觉。

原本能够花10分钟就读完1本书，速度已经很快了，但是现在却感觉10分钟很漫长。

接下来，带着这种焦躁的情绪，继续训练“5分钟导读法”。

如此一来，比起10分钟的导读，焦躁情绪会有所缓解，但是因为已经知道了“1分钟导读法”的速度，所以5分钟的导读还是会让你感到焦躁。

“我明明可以花1分钟就读完1本书，怎么练习时还要花5分钟！”你会有这种感觉。

原本能用5分钟读完1本书，是很快的。

但是一旦知道了“1分钟导读法”的速度，因为“时间魔法”被唤醒，所以会感到5分钟很慢。

然后，让这种焦躁继续持续，接下来进行“1分钟导读法”的训练。

如此一来，会发生什么呢？

10分钟、5分钟带给你的焦躁感消失了。

可是，因为翻页的速度还跟不上，所以一开始无论如何也做不到“1秒钟翻1页”。

当然，习惯了之后，感知的速度会比翻页的速度快很多，所以你会一边焦躁地觉得“自己为什么翻页这么慢”，一边看书。

由此，你会莫名觉得花1分钟读完1本书的过程很漫长。

1本书读1分钟，也觉得漫长。

所以，只要反复练习，自然就掌握了1分钟读完1本书的方法。

利用焦躁感，感觉时间缩短

10分钟令你感到焦躁，5分钟令你感到焦躁，1分钟里因为翻页速度而感到焦躁。

心里怀有焦躁的不快感，时间的流逝就变慢了。

于是，在不知不觉中，你就在1分钟内读完了1本书。

你难道不觉得这正是“时间魔法”吗？

你会因为**绝对不可以阅读文字，只需要进行翻页训练**而焦虑升级。

正是通过这项训练，让你感到1分钟变得无限长。

“那‘1分钟导读法’很无聊吧？让人很痛苦吧？”如果

你这样想，那我就要解释一下了。

实际上，**虽然在练习导读时的1分钟里感到痛苦，但是过后发现自己完全做到了，会感到非常开心，**这是最终达到的效果。

痛苦的1分钟过后，是无比幸福的时刻。

这就是掌握“1分钟导读法”后的真实感受。

连续3个月，效果更好

“1分钟导读法”作为一种方法，非常简单。

只需要2天时间就能学会。

利用周末两天进行练习，就能掌握。

那么，这个技巧学会之后，可以持续多久呢？这与“焦躁感的持续度”成正比。

用2天时间掌握方法之后，焦躁感应该能持续1个星期左右吧。

但是，如果1个月里什么都不做，逐渐忘记了那种焦躁感，

那就很危险了。

为了更好地掌握“1分钟导读法”，我推荐下面这种方法。

①10分钟导读法

②5分钟导读法

③1分钟导读法

这套训练一天3次。

这样持续3个月，就能完全掌握“1分钟导读法”了。

这是因为，如此训练之后，就不会忘记那种“焦躁感”了。

就算是为了找感觉，有时也会产生“这到底能不能行啊”的不安心情。

但是，如果养成每天训练的习惯的话，确实能使导读能力提升。

能不能坚持下来？才是能否成功的关键

“人不努力将一事无成。如果不努力的话，就只能是普通人。”（福泽谕吉《劝学篇》）

如上文所言，做事就要做到极致，直到变成习惯，最后完全掌握。

如果说，做不到是有什么理由的话，那肯定是“因为你还没有努力到成功为止”。如果努力到成功为止，就一定会成功。

导读训练利用的是所有人都具备的“感知”能力，所以自然所有人都能做到。

正因如此，“做不做”“能不能坚持下去”才是能否成功的关键。

其实我觉得，不仅仅是学习，体育运动、工作、人生，所有事物的成功并非取决于“能不能做到”，而是“能不能坚持下去”。

请你一定要掌握“1分钟导读法”，唤醒你的“时间魔法”。

期待你能获得自由的时间。

第 5 章

1本书1分钟就能学完的“时间魔法”

总结

- 利用3个阶段的导读唤醒“时间魔法”
- “在0.5秒内只通过翻页进行感知”的终极秘诀
- 用右手拿书、左手翻页，视线集中在左手手背周围的所有内容
- “折书角”标记重要的地方
- 为了在2天内掌握，要进行以“90分钟3本书为一组”的训练
- “能不能坚持下来”才是能否成功的关键

“1分钟学习法”体验者心声⑤ COLUMN

辞去社员工作，成为社长

在了解“1分钟学习法”之前，我曾是一个极其普通的社员，并没有读书学习的习惯，偶尔买本书，也只读个开头，大多都是还没读完就中途放弃了。

但是，学了“1分钟学习法”后，我从翻书这样简单的事情做起，再也没有半途而废。我开始可以一口气将书读完，对读书的抗拒心理消失了。

于是，我开始着重阅读商务书和成功学的书。花1天的时间埋头看书，就算用“色彩魔法纸”做记录，也能读完20本左右。

另外，因为这种学习法只需要1分钟，所以可以灵活利用零碎的时间进行学习。

而且“色彩魔法纸”也是威力巨大，可以让我把自己应该做的事情清晰地列出。

以前，我一拿起书就不想读了（能读到最后的书非常少），现在多亏了能在“色彩魔法纸”上做记录，通过实践证明自己是可以的，变得自信了。

学习了这种学习法后，我辞去了社员的工作，现在成立了自己的公司，变成了社长。这都是“1分钟学习法”的功劳。非常感谢。

（田村晶一　38岁　公司职员→个体户　静冈县）

第6章

复习60本只用1分钟的“色彩魔法”

为了增加原有的知识量

如果成功掌握1分钟读完1本书的导读法，利用“时间魔法”让1分钟感觉变长了的话，在1分钟这么短的时间里，也可以完成学习。

“学会了‘时间魔法’就足够了。”

可能有人会这样想。

但是这种方法也有“弱点”。

作为弥补，接下来我要介绍一种叫“色彩魔法”的方法。

“1分钟读完1本书，内容都记住了吗？”

有人会这样想，但遗憾的是，“时间魔法”并非背诵法，也不是记忆术。

只是一种能缩短时间的方法。

能缩短时间，却无法理解不懂的知识

我想说说背诵。

例如，你刚花了1个小时的时间，读完一本书。

“请回忆一下书中内容。你能说出书中的全部内容吗？”如果被人这样问，肯定会回答那是不可能的。

与之同理，1个小时都记不住的东西，将时间缩短为1分钟，结果是记不住的东西依旧记不住。

接下来，有关理解。

请试着这样想。

“请解出东京大学入学考试的数学题。给你1个小时的时间，不，给你1个星期的时间也行。”难道这样你就会做了吗？

这就是所谓的**花多长时间都理解不了的问题，就是理解不了吧**。

另外，如果有人对你说：

“给你1个月的时间练习。请在10秒内跑完100米。”

又会如何呢？

这就是所谓的**花多长时间都做不到的事情，就是做不到吧**。

也就是说，“1分钟导读法”**只能将在自己能力范围可以解决的部分，以最快速度做好。花时间也做不到的事情，是无法缩短到1分钟内做到的**。

总之，像《桃太郎》《小红帽》这种你能瞬间100%理解的内容，将学习时间缩短为1分钟，你也同样可以理解。

但是，**花1个小时也解答不出的问题，没有基础知识花1个星期也理解不了的内容，即使将学习时间缩短为1分钟，最终还是无法理解**。

“有可能花1分钟读完1本高等物理学的书吗？”有人这样问我时，我只能说，如果你是物理学专家的话，有可能做到，但如果是外行的话，大部分内容应该都看不懂。

“只是将时间缩短”，并不代表能将内容完全理解。

● 早晨刷牙之后去学校

这是瞬间就能完成导读的内容。

你肯定能在一瞬间感知到什么吧？

但是——

● 熵的增加量是不可逆性的标准

看到这样的句子，不懂这句话是什么意思的人，无论是读1秒钟，还是读1个小时，都无法理解。

同理，遇到完全不认识的汉字时，无论怎么读都没用。

● 鸾

● 曩

●麟

如果一开始就不认识上面这些汉字的话，那么导读的时候自然会直接跳过这些部分。

也就是说，**遇到在自己理解能力之外的内容时，就算能够缩短学习时间，也是学不会的。**

“投出时速150千米的球，给你1年的时间练习。”就算是这样，大部分人也做不到。

但是，像松坂大辅投手这样已经能做到的人，1秒钟就能做到，对吧？

没错。“时间魔法”**在你做已经能够做到的事情，以及看已经能够理解的内容时，可以将所需时间缩短。相反，当你需要学习完全不懂的内容时，是无法将时间缩短为1分钟的。**

使用“时间魔法”，只能将时间大幅度缩短。

有利有弊，这正是“1分钟导读法”的特征。

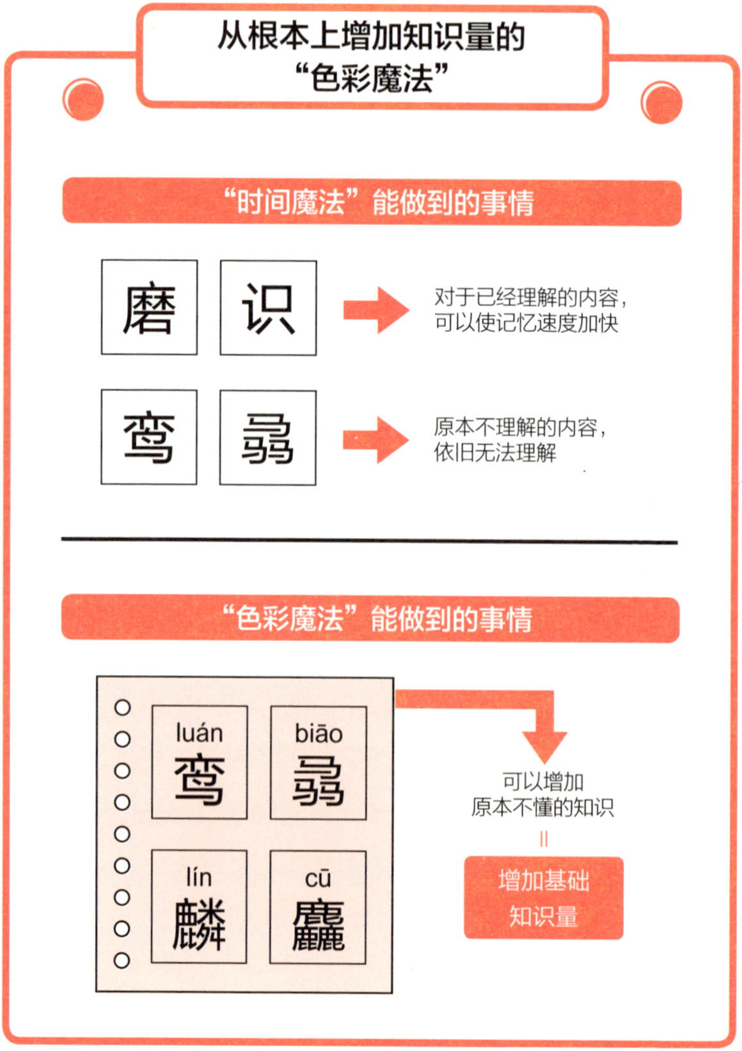

从根本上增加知识量的“色彩魔法”

“时间魔法”能做到的事情

磨 识 → 对于已经理解的内容，可以使记忆速度加快

鸾 骉 → 原本不理解的内容，依旧无法理解

“色彩魔法”能做到的事情

luán 鸾 biāo 骉

lín 麟 cū 麤

→ 可以增加原本不懂的知识

=

增加基础知识量

增加知识量的话，导读的精确度也会提高

那么，怎样做能提高导读的精确度呢？那就要**从根本上增加知识量。在这个基础上，进一步提升理解力**。

假如有丰富的恋爱经历，很快就能看出对方适不适合自己。但是，如果没有什么恋爱经历的话，要想一眼分辨出来是很困难的。

与之同理，想要提升导读能力，是与基础能力和基础知识的积累分不开的。

有很多人期待“时间魔法”与背诵法、记忆术拥有同样的效果，但遗憾的是，效果完全不同。

因此，利用“色彩魔法”变聪明，是很重要的。

“努力、学习，那是天才。比任何人都3倍、4倍、5倍努力学习，那才是天才。”（野口英世）

能以最快速度塑造出天才的方法，是我接下来要进行说明的“色彩魔法”。

右脑对颜色有反应

那么，为了变聪明，应该怎样做呢？我们应当有意识地使用右脑。

人类的大脑，分为左脑和右脑。

简单说——

●左脑掌管语言和逻辑，容量较小

●右脑掌管影像，容量较大

可以说，大部分现代人只用左脑，如果想要变聪明的话，必须将容量较大的右脑也利用起来。

因为右脑掌管影像，所以会对颜色有反应。

也就是说，我们要“利用色彩来帮助记忆和背诵”。

普通人都会使用黑色自动铅笔或者黑色圆珠笔。

可能有人心想：“你想说什么啊，这不是理所当然的事吗？”不过，就算是只改用“**蓝色圆珠笔**”，记忆效果也会大有不同。

平时尽量用“蓝色”做记录。重要的地方用“红色”。

这样做，会令记忆更加深刻。

在已经有颜色的纸上，用蓝色笔写字

“原来如此。我明白了。在背诵时，用24色、12色的彩笔写就可以了，对吧？”有很多人会这样想。

是的。我自己也曾这样做过。

但是，这种做法存在大问题。

“拿掉笔盖需要花5秒左右，太浪费时间了！”

可能有人觉得“5秒左右的话，还好吧”，但如果拿掉笔盖需要5秒的话，就算只用12色的彩笔，也需要1分钟。

有这个时间的话，1本书都导读完了。

以1分钟为基准进行思考，就算是5秒钟，也不能浪费。

此外，这里用哪个颜色好呢？因为选颜色而纠结的时候，5秒钟也会转眼即逝。

这也明显是时间的损失。

这种浪费5秒的可怕之处，我在电视台做播报员的时候就已然知晓了。

例如，在电视上光是播放15秒的广告，就要花费大概1500万日元。

1秒100万日元，5秒的损失，就等于500万日元的损失！

因此，无论是拿掉笔盖的时间，还是纠结于选择彩笔颜色的时间，浪费掉都是非常可惜的。

于是，我自己研究出了一种方法，那就是**在已经有颜色的纸上，用蓝色笔写字**。

这样做的话，就算用黑色笔做记录，由于背景已经有了其他颜色，右脑依然会有反应。

不用彩笔，将文字写在已经有颜色的纸上。

只要这样做，就能大幅度缩短时间。

只需分别使用（红绿黄蓝）4种颜色

可能有人觉得，“原来如此，我懂了。我去买24色彩纸，在上面做记录就行了”。

但是，到时候你会因为“写在哪张纸上好”而感到纠结，时间又被浪费掉了。

因为右脑会对颜色有反应，所以颜色种类过多，是毫无意义的。

另外，在深色纸上做记录，不方便之后阅读。

例如，就算在深紫色纸上写字，很难看清楚；在深茶色纸上写字，之后读起来很费劲。

因此，最好的方法是在浅色纸上用蓝色笔写字。

于是，我想出只用4色彩纸的做法。

使用的颜色是红绿黄蓝（全是浅色）。

商店里就有卖的，便于使用

为什么要用这4种颜色呢？商店里就有卖的，容易入手，这是理由之一。

A4大小的活页纸就有这4种颜色。

而且在使用便利贴时，这四种颜色也都有卖，所以简单记录一下就可以的内容，也可以使用便利贴。

用这“4色”的另外一个理由是，“4”这个数字通常被称作“秩序数”。

世界是以4这个数字为一个秩序构成的。

东西南北、前后左右，都是4。

西洋占星学认为，世界是由火、风、土、水这4种元素构成的。

4这个数字包含万事万物这一点，与构建只属于你个人的世界也有关联。

如果决定好只用4种颜色，速度就会大幅度提升。

根据重要程度区别使用“红绿黄蓝”

将这4种颜色按照重要程度排序，笔记会变得很好整理。

例如，红色是最重要的，绿色是其次重要的，黄色是再其次重要的，蓝色是相对没有那么重要的。规定这样的顺序后，内容的重要程度就会变得很好理解，具体如以下内容所示。

【必须马上完成的重要事情】红

【必须完成的重要事情】绿

【需要稍后完成的重要事情】黄

【没有那么重要也不着急做的事情】蓝

区分使用
“4种颜色”

必须完成的事情	不着急完成的事情
最重要的事情	重要的事情
红	黄
重要的事情	不重要的事情
绿	蓝

另外，应对考试进行学习的情况下，可以这样使用这4种颜色：

●红——貌似一定会出现在试卷中的重要问题
●绿——常常出现在试卷中的重要问题
●黄——偶尔出现在试卷中的问题
●蓝——出题频率较低，但是感觉记住会比较好的问题

像这样，根据重要程度对4种颜色进行区分，就可以加深在右脑中的印象了。

这样做，可以使速度大幅度提升。并且，可以多次反复看这些彩纸。

一般认为，记忆会在夜晚睡眠期间变得牢固。所以如果有可能的话，睡觉前快速浏览一遍，效果更好。

使用“色彩魔法”的话，复习可以做到“1本1秒”

可是，如果只是做到这一步的话，就和背诵法、笔记法没什么区别了。

但如果将其作为“1分钟学习法”的技巧之一进行活用的话，可以让速度进一步提升。

摘抄折页的部分

完成1本书的导读后，只需要回看本书第133页教给你的

“通过折书角标记的部分”，然后将“重要的句子”“有用的关键词”等按照重要程度分类，最终记录在A4大小的4色活页纸上就可以了。

导读时“通过折书角标记的部分”中，既有最重要的内容，也有不太重要的内容。

将这些内容写在A4大小的4色活页纸上。

抄写的过程中，可以直接将文章全部记下来，也可以摘抄其中的句子，或是只写下单词也无所谓，可以自由发挥。

接下来，要进行的不是“1本1分钟”的导读，而是转变为用“4色活页纸”进行导读。

当然，不用我说大家也知道，巩固记忆的最好方法是短时间内反复记忆。

也就是说，花1秒钟对“1种颜色的活页纸”进行导读，一共有4种颜色，所以“4秒钟可以复习完1本书”。

即“1分钟可以复习15本书”。

花1分钟完成1本书的导读，然后以1秒钟1张纸的速度，对整理出来的4张4色活页纸进行复习，只需要4秒钟就能完成复习。

反复进行这项操作，不仅可以增加知识量，还会变得越来越聪明。

那么，想要进一步提升能力，在看到这种颜色的那1秒，怎样才能更有效率地进行学习呢？

“什么！都已经将时间缩短到这个地步了，还要继续吗？到底要做到什么地步啊？”可能有人会这样想。

但是，毕竟人生有限。

“短暂的人生因为虚度光阴而变得更加短暂。”（塞缪尔·约翰逊）

如上文所言，怀着“少壮不努力，老大徒伤悲”的心情，减少虚度的光阴是很重要的。

如果1分钟就能完成学习的话，剩下的时间可以用来做其他有意义的事情。

因此，我要尝试将时间进一步缩短。

用“1张分成4种颜色的纸”吧

“已经够用了，不用变得更快了……”可能有人这样想。

但是，其实还有能让“色彩魔法”的速度提高“4倍”的方法。

还不能放松。

方法是在1张纸上，分出红绿黄蓝4个颜色的区域，在这样的纸上用蓝色笔做记录。

例如，制作像第181页上那样的活页纸。

现在大部分人都能熟练地在电脑上进行操作，制作这样的纸张，然后将其彩印出来，应该很简单吧。如果不太会用电脑的话，可以和擅长用电脑的人交朋友，然后麻烦那个人帮忙制作。

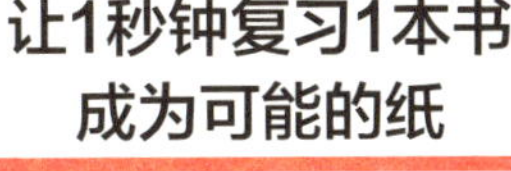

●制作“色彩魔法纸”，可以用1张纸复习1本书

可以从http://www.1study.jp下载

我将其称为“色彩魔法纸”。

养成在“1张4色纸”上做记录的习惯后，会如何呢？

没错，利用这张纸，可以做到“1张1秒”的导读。

我刚才说，利用“色彩魔法”，可以花4秒钟复习完4张纸的内容。

但是，如果使用“色彩魔法纸”的话，1张纸已经被分出了4个颜色的区域，所以1秒钟就能复习完1本书的内容。简直就是4倍速。

最后总结一下，“1分钟学习法”就是这样的方法。

①【时间魔法】

使用缩短时间的魔法，通常需要60分钟才能读完的1本书，1分钟就能读完。

②【色彩魔法】

使用色彩魔法，“1本1秒”=1分钟能复习完60本书。

怎么样？

至此，将这种方法彻底掌握的你，如同时间幽灵一般，变得所向无敌了吧？

“笔记才是救命恩人。”（爱迪生）

套用这个比喻，也可以说“色彩魔法纸”才是救命恩人吧。

使用“4色透明内页文件夹”，提高复习效率

还有更有利于复习的魔法。

那就是将“色彩魔法纸”整理好放入A4大小的透明内页文件夹里。

这样，文件夹的透明内页本身也被分成了4种颜色。

透明的部分自然而然变成了红绿黄蓝4种颜色。

无论到哪个文具店，都能买到外壳是这4种颜色的文件夹。

然后，按照重要程度将“色彩魔法纸”放入4种透明内页文件夹。

以以下内容为复习的基准。

●红——常常带在身边，需要反复看并且背诵的最重要内容（每天复习）

●绿——应该记住的重要内容（1个星期复习1次）

●黄——近期不会用到，但是最好能记住的内容（1个月复习1次）

●蓝——近期不会用到，但是最好能有所了解的内容（1年复习1次）

将最重要的“红色文件夹”常常带在身边反复记忆吧

只需要把“红色文件夹”一直带在身边。

这样做，能处于随时可以复习到最重要内容的状态。

如此一来，复习最重要的60本书，1本1秒×60本，只需要1分钟。而且可以多次反复复习。

用4色的透明内页文件夹做整理吧

红色文件夹

每天复习

现在，将最重要的60本书的内容整理到60张纸上，常常带在身边复习

绿色文件夹

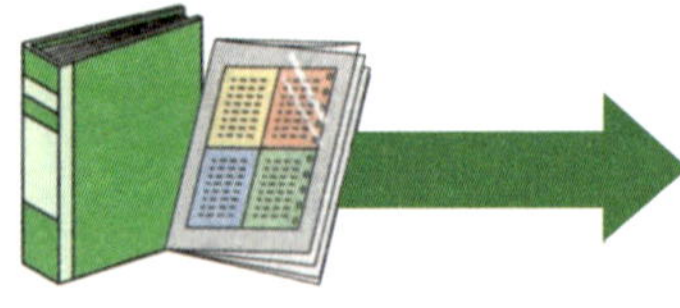

1个星期复习1次

将这种“感觉是好书，想要再反复读几遍的书”的内容整理到纸上

黄色文件夹

1个月复习1次

将可能会再读的书的内容整理到纸上

蓝色文件夹

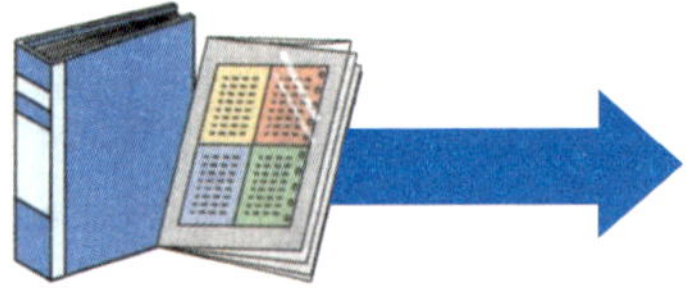

1年复习1次

近期不会用到，但是最好能有所了解的内容

如果透明内页文件夹是30页的那种，那么正反面全部利用上，正好可以放入60张“色彩魔法纸”。

至此，你已经能做到1分钟复习60本书了。

你只需要每天将放满“色彩魔法纸”的红色文件夹带在身边，然后以1秒1张的速度，反复进行导读。

现在，你可以将最需要学习的，最重要的60本书的信息，以1本1秒、1分钟60本书的速度，每天复习很多遍。

因为1分钟就能复习完60本书，所以可以多次反复复习，将内容学习到极致，无论是谁，自然都会记忆牢固，并且增加知识量。

怎么样？

“1分钟学习法”确实是最强的学习法吧！

这就是“1分钟学习法”的“完整版”。

书是要反复阅读的吗？

“通过‘1分钟学习法’，可以无数次反复阅读并复习所有书吗？”有人这样问。

事实上这种方法并非对所有书都适用。

将读过的书分为4类，分别贴上4种颜色的便签。

●红——可以被称为人生100本重要书目，想要无数次反复阅读的书

●绿——很好的书，想要反复阅读的书

●黄——作为参考文献，可能会重读的书（只用“色彩魔法纸”来复习就可以）

●蓝——可能不会再读第2遍的书（只用“色彩魔法纸”来复习就可以）

将书读完之后，用不同颜色分为这4类。

标注为红色的书，每隔几个月就要用“1分钟导读法”进行复习，并将新的内容添加到“色彩魔法纸”上。

标注为绿色的书，也要每隔1~2年用同样的方法追加内容。

但是，对于黄色和蓝色的书，只需要反复看总结了重要部分的“色彩魔法纸”就可以了。

如此一来，就做到以“最快速度”完成学习了。

“标注为红色的书”必须严选

我自己将“标注为红色的书”的数量控制在了100本以内。

而且我特地为“标注为红色的书”制作了专用书架，将这些书放在一起。

因为每本书都要反复复习的就只有“标注为红色的书”。

“标注为红色的书”的选择标准是，一生中一定要读这100本书。

以此为标准，对书籍进行严选。

如此严格选出的“标注为红色的书”，即便全部复习一遍，也花不了多少时间。

今后，您学习的书应该会在1000本以上，希望您能有更多的书加进书单。

1本1分钟的“时间魔法”和1本1秒钟的“色彩魔法”

请想象一下。

如果你能以1本1分钟的速度进行导读，以1本1秒钟的速度，花1分钟复习完60本书的话……

你还会不如别人吗？

应该也不会说自己笨了吧？

在学习方面，已经是无敌状态了。

你也已经没有必要再为学习而烦恼了。

我再说一遍。

人类的记忆可以通过“短时间内的反复学习”加深。

如何在短时间内多多复习是很重要的。

如果你能做到“1本1秒，1分钟复习60本书”，的话，能记住的东西也会变得非常多。

接下来，只需要做就行了。

通过“时间魔法”，1分钟学习1本书。

复习时，使用“色彩魔法纸”，1本1秒=60本1分钟。

这就是“1分钟学习法”。

想要掌握也很简单，只需要2天时间。

而且，一定能学会“1分钟学习法”！

人生只有2个选项，“现在做，或者永远不做”。

只要现在马上开始，就能多学很多东西。

如果能够1天学完10本书的话，晚开始1个月，就比别人少学了300本书。

如果晚开始1年的话，就比别人少学了3650本书。

如果方法很难学会的话，确实可能做不到，但是“1分钟学习法”是所有人都能做到的。

为了很快能掌握“1分钟学习法”，请现在就踏出第一步吧。

怎么样？现在立即开始右手拿书，左手翻页吧！

为了你未来的成功！

第6章

复习60本只用1分钟的“色彩魔法”

总结

- 对于在自己理解范围之外的内容，是无法缩短阅读时间的
- 制作4种浅颜色的纸，根据重要程度用蓝色笔在上面做记录，帮助记忆
- 使用“色彩魔法纸”，“1本1秒”，1分钟可以复习60本书
- 将最需要学习的，最重要的60本书的信息随身携带，每天花1分钟的时间进行复习
- 人生只有2个选项，“现在做，或者永远不做”
- 现在立即开始右手拿书，左手翻页吧！为了你未来的成功！

“1分钟学习法”体验者心声⑥

找到了最适合自己的答案

在新的领域里，有很多想学的东西。但是，学习的过程总是没有想象中顺利。

因此我常常感到焦虑。“‘1分钟学习法’，只有1分钟的时间能做到什么呢？”这对于我来说，简直就是向未知世界的挑战。

刚开始练习时，我感到很快就能集中注意力。

之前我一直有整理笔记的习惯，但如果有人问我“记住了什么”，总是发现自己什么也没记住。

使用“色彩魔法纸”之后，我发现自己学会了如何抓住重要内容并进行深度思考。

“你真正寻求的是这些内容吗？”对于这个问题，“1分钟学习法”让我找到了最适合自己的答案。

并且，将“为此应该怎样推进”这个问题落实到具体的方法上，让我能够毫不犹豫地开始学习。

“1分钟学习法”是连我这样的人也能够学会的终极最强学习法。

（野内三和子　40多岁　个体户　大阪府）

后 记

①【时间魔法】

利用缩短时间的魔法，通常需要60分钟才能读完的书，1分钟就能学完1本。

②【色彩魔法】

利用色彩魔法，“1本1秒”，1分钟能复习完60本书。

这就是“1分钟学习法”的最终形态。

如果能够付诸实践，你的人生会有多大的改变呢？

当然，你一定可以。

我在开设的研讨班进行实际教学时，只用2天时间，所有参加者都掌握了“1本1分钟”的导读法。

“我一直相信，一个人能够做到的事情，所有人都能够做到。”（甘地）

我也这样认为。

别人花2天时间能够做到的事情，你也一定能够做到。

所以请放心。

说实话，“1分钟学习法”是一种终极的学习法。

据我所知，目前为止没有比这种学习法更有效率的学习法。

如果有“想要拯救更多人、想要过得幸福”的人，读了这本书的话，我作为本书的作者，万分高兴。

医生的学习时间如果可以缩短的话，节省出来的时间可以拯救更多人。希望能考上医学院的学生也是一样。

想要拯救世界、拯救人类而去参加司法考试，希望能成为律师的人，还有从早到晚埋头整理文件的律师、检察官、法官们。

如果你们能掌握“1分钟学习法”的话，会使更多人得到拯救。

工作繁忙却想要学习的公司职员，可以通过这种学习法进一步提升工作技巧。

如果“学习时间可以缩短的话，就有时间陪家人”的父亲，学会这种学习法，老婆孩子也会感到幸福。

想去参加社团活动，但因为必须要学习所以没法去的高中生；

想让学习更有效率，想要考上东京大学、早稻田大学、庆应义塾大学这种难考的学校的备考生；

利用“1分钟学习法”，可以一鼓作气提高偏差值，还能让巅峰状态在考试当天到来，由此变成“一到正式考试”就变强的人。

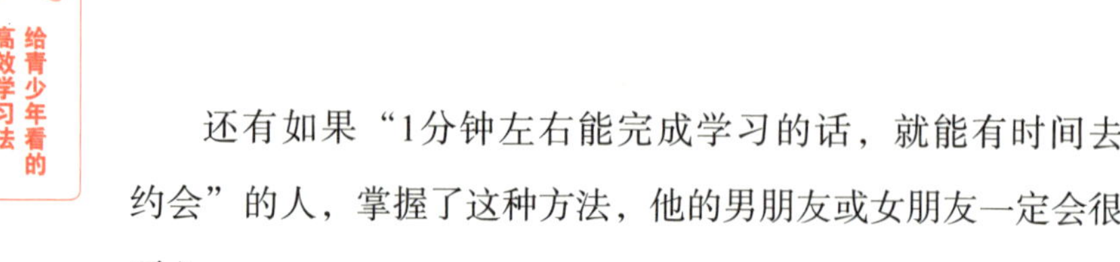

还有如果“1分钟左右能完成学习的话，就能有时间去约会”的人，掌握了这种方法，他的男朋友或女朋友一定会很开心。

“如果学习时间能够变短，就能有时间去做喜欢的事”的人，在有限的时间里，可以不断发展兴趣爱好。

整天忙于生意的人也可以通过这种方法，一口气学习许多与商务相关的知识，销售额也会有所提升。

掌握“1分钟学习法”的好处就是，**以最快的速度完成学习，之前被低效率浪费掉的时间完全变成了你的“自由时间”。**

有了那些时间，你可以挑战更多事情。

可以去再一次追求已经遗忘的梦想。如果是备考生的话，节省下来的时间可以用来继续学习。

“好厉害的方法啊。”但如果只是读了这本书的话，人生是不会有任何改变的。

“好，现在就开始！”**付诸实际行动，人生才会有改变。**

“无论是思考的事情、下功夫的事情，还是想去做的事情。失败的话，重来就行了。”（松下幸之助）

如上文所言，重要的是先要动手去做。

从明天开始做吧。不行，从今天就开始吧。

不对，不应该从今天开始，而应该从现在开始实践这本书中的内容。

①10分钟导读法

②5分钟导读法

③1分钟导读法+4分钟的休息

希望你现在就开始进行这项20分钟的练习。

不要觉得“我做不到”，你要相信你一定可以。

为了掌握“1分钟学习法”，你要不要立刻开始行动呢？

光明的未来，就在前方。

最后，在本书出版之际，承蒙KADOKAWA中经出版品牌公司各位的照顾。在此深表感谢。

Kokoro Cinderella有限公司　董事长　石井贵士